Tofu

rapide et facile

Pour être tenu au courant de nos publications :
La Plage
Rue du Parc
34200 Sète
edition@laplage.fr
www.laplage.fr

© Éditions La Plage, 1999
ISBN 2-84221-058-1
Tofu, quick and easy
© The Book Publishing Company, Summertown, TN, 38483
Traduit de l'anglais par Laurence Auger

Toute reproduction, intégrale ou partielle, par quelque procédé que ce soit, de la présente publication, faite sans l'autorisation de l'éditeur est illicite (article L/122.4 du Code de la propriété intellectuelle) et constitue une contrefaçon.
L'autorisation d'effectuer des reproductions par reprographie doit être obtenue auprès du Centre Français d'Exploitation du droit de Copie (C.F.C.) - 20 rue des Grands-Augustins - 75006 Paris - Tél. : 01 44 07 47 70

Tofu

rapide et facile

Louise Hagler

Sommaire

Sur 4 étoiles

Les bienfaits du tofu	11
Fabriquer soi-même son tofu	15
Introduction	17
Utilisation du tofu	19

Petit déjeuner ou brunch

Quiche aux brocolis	25
Quiche aux champignons	26
Riz espagnol	27
Pancakes	27
Apple kuchen	28
Riz frit au tofu	29
Tofu brouillé	30
Poêlée de tofu aux champignons	30
Tofu rancheros	31
Riz au four à la mexicaine	32
Galettes de tofu	32

Trempettes et tartinades

Sauce verte	37
Sauce au raifort	37
Sauce rose épicée	37
Sauce extrême-orientale	38
Pâte aux noix de cajou	38
Sauce express aux oignons	39
Sauce express aux légumes	39
Sauce express à la tomate	39
Sauce chutney-curry	39
Pâte à tartiner aux olives et aux noix de Pécan	40
Sauce tartare	40
Pâte au fromage bleu	41
Sauce concombre à l'aneth	41

Tartinade au pistou 42
Sauce tofu aux herbes 42
Sauce de la déesse verte 43

Salades

Salade taco 47
Salade d'avocat 48
Salade de chou à l'ananas et aux cacahuètes 48
Salade aux épinards et aux pignons 48
Salade de haricots pinto 49
Salade libanaise pour sandwich pita 50
Salade Waldorf 51
Salade au faux poulet 51
Salade de pois chiches 52
Salade de riz au curry 52
Salade de concombre à l'aneth 53
Salade de tofu n°1 53
Salade de tofu n°2 54
Salade de macaronis 54
Salade de pâtes et de tofu 55
Salade de pommes de terre de l'Iowa 55
Avocats farcis 56
Salade de pâtes au poivron vert 57
Salade aux quatre légumineuses 57
Salade d'épinards au sésame 58

Sauces pour salades

Sauce ail et basilic 63
Sauce chutney 63
Fausse crème-aigre (fausse *sour cream*) 64
Sauce pour salade de fruits de maman 64
Fausse mayonnaise 65
Sauce curry 65
Sauce à l'ail basses calories 66
Sauce rose basses calories 66
Sauce cole slaw 66
Sauce au concombre à l'aneth 67
Sauce paquebot à la moutarde 67

Soupes

Soupe aux gombos	71
Soupe américaine au maïs	72
Southwestern chili	73
Soupe miso aux légumes	73
Gaspacho plein de morceaux	74
Soupe aux épinards	75
Soupe au potiron	76
Soupe de pommes de terre et de tofu	77
Fausse vichyssoise	77

Plats principaux

Tofu frit rapide et facile	81
Tofu frit et pané	81
Tofu burgers	82
Boulettes de tofu	82
Pain de tofu	82
Tofu pour barbecue	83
✱✱✱ Tofu pané au four *rapide*	83
Tofu à l'orange	85
Riz vert	86
Tofu amandine	87
Cannellonis farcis	87
Tofu sauté au chou chinois	88
Stroganoff	89
Sauté de brocolis et de champignons	90
Chile quiles	90
Gratin d'enchilada	91
Lasagnes	92
Lasagnes à la florentine	93
Lasagnes au fromage	94
Rouleaux chinois	95
Gratin au tofu et au maïs	96
Sauté hawaiien (aigre-doux)	97
Pâtes romanoff	98
Sauté à l'orientale	99
Vermicelles du printemps	100
Tacos au tofu	100

Curry	101
✱✱✱½ Riz au tofu frit à la chinoise	102
Tofu diabolique	103
Pizza au tofu	104
Pizza au pistou	105
Pizza burritos	105
Riz pilaf doré	106
Burritos fritos	107
Sloppy Joes	107
Samossas aux épinards	108

Desserts

Cheesecake	113
Cheesecake aux amandes	114
Cheesecake mixte	114
Cheesecake aux noix de pécan et au sirop d'érable	115
Cookies à la vanille	116
Cerises du cordonnier	116
Crème dessert à l'abricot	117
Crème dessert aux framboises	118
Crème dessert aux oranges	118
Crème dessert aux cerises	119
Tarte marbrée au chocolat	119
Tartelettes à la crème-tofu et aux fraises	120
Tarte aux noix de pécan	121
Crème-tofu	121
Crème-tofu au miel	122

L'équilibre alimentaire, source de bien-être

Le soja dans l'alimentation

Le soja est une plante annuelle de la famille des légumineuses (lentilles, haricots, pois...). Sur chaque plante se trouvent plusieurs gousses qui renferment de 1 à 4 haricots de soja que l'on consomme frais ou secs. Le haricot de soja, petite graine jaune est à la base de la fabrication du « lait de soja », du tofu ou de la farine de soja. On ne doit pas le confondre avec le grain de soja vert (haricot mungo), que l'on consomme souvent germé et que l'on nomme « germe de soja » ou « pousse de soja ».

> **Fabrication du tofu** (Voir page 15)
> La fabrication du tofu ressemble à celle du fromage blanc puisqu'il s'agit dans les deux cas de "cailler un lait". On fabrique un "lait de soja" à partir de graines de soja jaune qui sont broyées avec de l'eau puis cuites et enfin filtrées. On incorpore alors du nigari qui va "cailler" le "lait de soja" ainsi obtenu. Le bloc de tofu est alors pressé plus ou moins dans le moule qui lui donnera sa forme.

Les qualités nutritionnelles du tofu

Nous citerons le docteur Jean-Michel Lecerf[1] qui résume ainsi les propriétés nutritionnelles des soyfoods : « Les soyfoods sont des aliments qui s'opposent point par point aux erreurs alimentaires actuelles, qui se caractérisent par un excès de lipides et d'acides gras saturés en particulier. » Les produits à base de soja, et le tofu en particulier, permettent de rétablir l'équilibre alimentaire. Ils apportent des acides gras essentiels et des protéines végétales d'excellente qualité.

[1] du Service de nutrition de l'Institut Pasteur de Lille, in *Info soja* n°2, juin 1993.

Composition pour 100 g	Tofu à 23% de matière sèche
Protéines	11,5 g
Lipides	7 g
Acides gras saturés	0,85 g
Acides gras monoinsaturés	1,22 g
Acides gras polyinsaturés	4,9 g
dont acide linoléique	4 g
acide alphalinoléique	0,82 g

Source : Sojaxa

Un aliment protéinique

Le tofu est riche en protéines. Ses protéines contiennent les acides aminés essentiels et sont d'une excellente digestibilité. En France comme dans la plupart des pays occidentaux, le rapport entre notre consommation de protéines animales et végétales est déséquilibré et atteint souvent 3 pour 1, alors qu'il devrait être de 1 pour 1 !
Le remplacement des produits laitiers ou carnés par du tofu permet de rétablir facilement cet équilibre. Cette richesse en protéines en fait un aliment privilégié des végétariens et des végétaliens.
L'allergie aux protéines du lait de vache n'est pas rare chez les nourrissons. 80 % des enfants allergiques aux protéines du lait de vache peuvent consommer du lait de soja et du tofu. Une alternative bien utile.

Un aliment pour le cœur

Le tofu est un excellent aliment pour tous ceux qui souffrent de maladies cardio-vasculaires; sa consommation régulière fait baisser de façon significative le taux de cholestérol. De nombreuses études confirment cette action du soja qui serait due à l'équilibre particulier de sa composition en fibres, en acides gras et en phyto-œstrogènes. Le tofu contient un peu d'acide alphalinoléique, un acide gras oméga 3 qui est lié à une meilleure santé cardiaque[1].

Acides aminés indispensables	en mg/g de protéine soja
histidine	28
isoleucine	50
leucine	85
lysine	70
méthionine + cystéine	28
phénylalanine + tyrosine	88
thréonine	42
tryptophane	14
valine	53

Source : FAO

Un aliment pour les femmes

Le tofu contient deux hormones, dadzéine et génistéine qui se comportent comme des hormones femelles dans l'organisme. Des études montrent que les femmes qui consomment régulièrement ces hormones végétales ont un risque de cancer du sein divisé par 3 ou 4. D'autres études montrent que la consommation de ces phyto-œstrogènes (environ 100 g de tofu par jour ou 45 g de farine ou semoule de soja) diminue en 6 à 12 semaines[2] les bouffées de chaleur et améliore la densité osseuse chez les femmes post-ménauposées.

[1] *La forme dans votre asssiette* Miriam Polunin en collaboration avec l'Institut Pasteur de Lille, Hachette 1999.
[2] id.

Fabriquer soi-même son tofu

Faites tremper 500 g de grains de soja jaune pendant 12 heures dans une grande quantité d'eau. Changez l'eau deux fois.

Broyez le soja au robot puis mélangez-le à 5 fois son volume d'eau.

Mettez sur le feu en remuant sans cesse pendant 10 minutes, laissez monter comme du lait puis filtrez. Utilisez un voile de coton ou une toile à beurre que vous disposez sur un égouttoir au-dessus d'une casserole. Pressez pour extraire un maximum de « lait de soja ». Réservez la pulpe, l'okara, pour d'autres préparations.

Délayez 1 cuillerée à café de nigari (ou autant de chlorure de magnésium) dans 1 verre d'eau.

Réchauffez votre « lait de soja » sur feu vif en remuant. Hors du feu, versez le nigari dans le lait en remuant toujours.

Laissez le tofu se déposer au fond puis versez-le dans une faisselle garnie d'un voile de coton. Rabattez le voile avec un poids au-dessus pendant 1/4 d'heure. C'est en variant le temps et la force de la pression que vous varierez la consistance de votre tofu.

Démoulez le tofu dans l'eau froide puis rincez-le longuement sous le robinet.

Conservez votre tofu-maison recouvert d'eau au réfrigérateur. Changez l'eau tous les jours.

*Ce livre est dédié à ma mère
qui m'a appris à ne pas avoir peur
de goûter à une nourriture nouvelle et différente.*

Introduction

Le tofu, fabriqué à base de graines de soja, a récemment trouvé sa place dans nos supermarchés occidentaux après avoir été depuis 2000 ans, en Asie, la principale source de protéines.

Ses vertus sont encensées dans la presse et dans les ouvrages spécialisés mais la plupart des consommateurs occidentaux se posent encore cette question : « Mais que peut-on faire avec du tofu ? ». La réponse se trouve ici, dans ces recettes faciles et rapides à réaliser pour le cuisinier d'aujourd'hui, qui souhaite préparer de délicieux repas sains sans pour autant passer des heures dans la cuisine.

Le tofu est l'un des aliments protéiniques les plus économiques et dont l'utilisation est la plus variée. Il est très riche en protéines végétales d'excellente qualité et pauvre en calories, en graisses et en glucides.

Le tofu se présente sous forme d'un bloc blanc, de texture douce, de goût neutre qui peut être cuisiné dans toutes sortes de plats : plats principaux, sauces, salades, trempettes, pâtes à tartiner, soupes, desserts...

Le tofu s'enrichit de toutes les saveurs avec lesquelles il est associé. Il sera parfumé à la *Tartinade au pistou* (page 42) lors de votre prochain apéritif ou relevé à l'ail dans une *Sauce basses calories pour salades* (page 66). On le retrouve dans des plats aussi variés que la *Salade d'avocat* (page 48), la *Soupe de maïs* (page 72), les *Cheesecake* (page 113)...

La cuisine du tofu

Les recettes de ce livre vous prendront moins de 30 minutes. Pour beaucoup d'entre nous, elles seront prêtes en un quart d'heure.

Avant de commencer, lisez la recette en entier pour vous faire une bonne idée de la marche à suivre.

J'espère que ce livre vous permettra d'introduire le tofu dans votre cuisine et de l'apprivoiser tel un vieil ami gastronomique qui apparaîtra régulièrement dans vos menus.

Utilisation du tofu

Conseils d'achat

Selon la marque choisie, vous trouverez différentes sortes de tofu. Du tofu très tendre ou au contraire très ferme, ayant été fortement pressé et que l'on pourra utiliser comme un fromage à pâte dure. Le pourcentage de protéines contenu dans le tofu varie selon la texture. Moins le tofu contient d'eau, plus il est ferme et plus il est riche en protéines. Bien sûr, un tofu très ferme pourra être facilement coupé en tranches, en dés ou même râpé. Le tofu plus tendre sera facilement réduit en purée ou en sauce.

Très frais, le tofu n'a pratiquement pas d'odeur. Seulement un léger parfum végétal. Lorsque vous achetez du tofu, veillez à ce qu'il soit bien frais et vérifiez toujours la date sur l'emballage.
Si le tofu n'est pas emballé sous vide, de retour à la maison, rincez-le soigneusement sous l'eau froide puis conservez-le totalement immergé dans l'eau au réfrigérateur. En changeant l'eau tous les jours vous pourrez le conserver pendant 15 jours.
S'il apparaît de la moisissure, s'il devient rosé ou légèrement visqueux, jetez-le sans hésiter.

Toutefois, le tofu peut encore être consommé même s'il présente une légère odeur aigre. Dans ce cas, il doit être cuit pendant au moins 20 minutes. Faites-le cuire à l'eau bouillante pendant 20 minutes et il prendra une consistance plus ferme et élastique ou incorporez-le dans une recette nécessitant au moins 20 minutes de cuisson. Un tofu légèrement aigre est idéal pour les cheesecake. Lorsque je ne peux pas utiliser immédiatement un tofu qui devient aigre, je le congèle pour l'utiliser plus tard. N'utilisez que du tofu très frais pour les recettes sans cuisson.

Congélation du tofu

La congélation modifie le tofu et lui confère une texture plus ferme et élastique et aussi plus proche de celle de la viande. Le tofu peut être congelé directement dans son paquet d'origine, ou alors chaque morceau emballé dans du plastique ou une feuille d'aluminium. Avant d'être utilisé, il doit être décongelé puis pressé. Il absorbera la marinade ou les sauces plus facilement que s'il était frais. Lorsqu'il a été congelé, le tofu change de couleur et perd un peu de sa blancheur. Pour utiliser du tofu congelé, n'oubliez pas de le sortir suffisamment à l'avance pour le faire décongeler. Comptez 6 à 8 heures à température ambiante ou toute une nuit dans le réfrigérateur. Pour une décongélation rapide, versez sur le bloc de l'eau bouillante ou utilisez un micro-ondes.

Le tofu mariné

Les marinades et le tofu vont très bien ensemble. On laisse généralement mariner la viande pour à la fois l'attendrir et lui donner du goût. Comme le tofu est déjà tendre, une longue marinade n'est pas nécessaire. Un court instant est souvent suffisant pour que les saveurs de la marinade imprègnent et se mélangent au tofu. De plus, si le tofu est cuisiné, la cuisson fera ressortir les saveurs de la marinade. La marinade doit toujours se faire dans un plat en verre, en émail ou en inox.

Un récipient plat facilite les marinades des tranches ou des dés de tofu. Retournez plusieurs fois les morceaux. Le tofu marinera toujours au réfrigérateur.

Les ustensiles de cuisine

Certains ustensiles vous aideront bien dans la cuisine du tofu. Un robot de cuisine est indispensable. Si vous n'avez ni robot ni mixeur, vous pourrez réduire en purée ou en sauce un tofu très tendre avec un simple fouet.

Analyse nutritionnelle
Pour chaque recette ont été calculés les taux de calories, de protéines, de lipides (graisses) et de glucides.
Les ingrédients qui ne sont pas utilisés directement lors de la réalisation de la recette (garniture, suggestion d'accompagnement comme le riz ou les pommes de terre) ne sont pas pris en compte dans les analyses. Si un choix d'aliments est donné au cours de la recette, le premier ingrédient listé est celui qui est pris en compte dans l'analyse nutritionnelle.

Sauf indication contraire, les recettes sont calculées pour 4 personnes.

Petit déjeuner ou brunch

Apple kuchen	28
Galettes de tofu	32
Pancakes	27
Pancake aux myrtilles	28
Pancake aux pommes	28
Poêlée de tofu aux champignons	30
Quiche aux brocolis	25
Quiche aux champignons	26
Riz au four à la mexicaine	32
Riz espagnol	27
Riz frit au tofu	29
Tofu brouillé	30
Tofu rancheros	31

Quiche aux brocolis

Pour 6 personnes

Préchauffez le four thermostat 4 (180°C).

Foncez un moule à tarte avec :
　une pâte brisée

Faites bouillir dans 2 cm d'eau pendant cinq minutes :
　500 g de bouquets de brocoli

Faites sauter ensemble :
　2 cuillerées à soupe d'huile
　2 oignons hachés
　3 gousses d'ail, émincées

Passez au robot ou mélangez ensemble jusqu'à obtenir une consistance lisse et crémeuse :
　250 g de tofu
　2 cuillerées à soupe de jus de citron
　1 cuillerée à soupe de moutarde
　1 cuillerée à café de sel
　2 bonnes pincées de poivre

Incorporez :
　250 g de tofu émietté
　l'ail et l'oignon
　les bouquets de brocolis égouttés

Faites cuire dans un moule à tarte huilé pendant environ 30 minutes et servez chaud.

Par personne : calories : 242, protéines : 10 mg, lipides : 12 mg, glucides : 18 mg

Quiche aux champignons

Une quiche tendre aux saveurs subtiles.

Pour 6 personnes

Préchauffez le four thermostat 6 (200° C).

Préparez :
    1 pâte à tarte non cuite

Faites sauter à la poêle jusqu'à ce qu'ils brunissent légèrement :
    1 cuillerée à soupe d'huile ou de margarine
    115 g de champignons émincés

Mélangez dans un robot jusqu'à obtenir une consistance crémeuse :
    500 g de tofu
    2 cuillerées à soupe de jus de citron
    1 cuillerée à soupe de sauce soja
    1 cuillerée à soupe de moutarde de Dijon
    1/2 cuillerée à café d'ail en poudre

Garnissez le fond de tarte avec les champignons cuits.

Mélangez à la préparation à base de tofu :
    60 g de gruyère ou d'emmenthal râpé

Versez et étalez la garniture sur la pâte et faites cuire pendant 50 à 55 minutes.

Par personne : calories : 230, protéines : 10 mg, lipides : 12 mg, glucides : 13 mg

Riz espagnol

Il s'agit d'une préparation espagnole traditionnelle du riz, enrichie des protéines du tofu.

Pour 4 personnes

Sur feu moyen, remuez et faites rissoler légèrement :
    2 cuillerées à soupe d'huile
    175 g de riz long blanc

Ajoutez :
    1/2 litre d'eau bouillante
    250 ml de sauce piquante (à votre goût)
    250 g de tofu coupé en julienne (petits bâtonnets) ou simplement émietté
    1/2 cuillerée à café de sel

Couvrez et faites cuire à feu vif jusqu'à ce que l'eau commence à bouillir. Puis réduisez à feu doux et laissez cuire à couvert pendant 15-20 minutes jusqu'à ce que le riz soit tendre. Servez.

Pour 80 g : calories : 224, protéines : 6 mg, lipides : 5 mg, glucides : 36 mg

Pancakes

Pour 10-12 crêpes de 8 cm

Mélangez dans un saladier :
    300 g de biscuits secs
    250 g de tofu émietté
    375 ml de lait (plus pour des pancakes fines)

Faites cuire les pancakes sur les deux faces dans une crêpière chaude et huilée jusqu'à ce qu'elles brunissent.
Servez avec de la margarine ou du beurre et du sirop d'érable.

Par pancake : calories : 121, protéines : 5 mg, lipides : 1 mg, glucides : 19 mg

Pancake aux pommes

Ajoutez 80 g de pomme râpée à la pâte.

Pancake aux myrtilles

Ajoutez 80 g de myrtilles à la pâte.

Apple kuchen

Pour 6 personnes

Préchauffez le four thermostat 6 (200° C).

Mélangez à l'aide d'un robot jusqu'à obtenir une préparation bien lisse :
- 250 g de tofu
- 60 g de sucre
- 75 ml de farine
- 1 cuillerée à soupe d'huile
- 1/2 cuillerée à café de levure

Incorporez :
- 175 g de pomme pelée et hachée
- 80 g de noix hachée

Étalez dans un plat à tarte huilé (23 cm de diamètre), saupoudrez de cannelle et faites cuire 45-50 minutes. Coupez en 6 parts et servez bien chaud.

Par personne : calories : 185, protéines : 6 mg, lipides : 8 mg, glucides : 20 mg

Riz frit au tofu

Une bonne façon d'utiliser un reste de riz.

Pour 4 personnes

Préparez et réservez :
    350 g de riz cuit
    1 bel oignon coupé en rondelles
    1 poivron vert en lanières
    2 branches de céleri hachées
    250 g de tofu coupé en dés
    2 oignons verts hachés

Faites chauffer dans une poêle ou un wok :
    2 cuillerées à soupe d'huile

Faites-y frire pendant une minute :
    les dés de tofu
    1 cuillerée à soupe de sauce soja

Ôtez le tofu et faites frire pendant 3-4 minutes :
    deux cuillerées à soupe d'huile
    les rondelles d'oignon
    les morceaux de poivron
    les morceaux de céleri

Ajoutez le riz cuit en l'émiettant :

Ajoutez enfin :
    1 cuillerée à soupe de sauce soja
    les dés de tofu

Remuez jusqu'à ce que le tout soit chaud. Servez le plat préalablement parsemé
    de l'oignon vert haché

Pour 80 g : calories : 204, protéines : 5 mg, lipides : 9 mg, glucides : 22 mg

Tofu brouillé

Pour 4 personnes

Faites chauffer dans une poêle ou dans un wok :
    2 cuillerées à soupe d'huile

Faites revenir tout en remuant :
    1 petit oignon haché
    1 petit poivron vert haché
    500 g de tofu émietté
    2 cuillerées à soupe de levure diététique (facultatif)
    1 cuillerée à café de sel
    1 cuillerée à café d'ail en poudre
    (ou 1 gousse d'ail pressée)
    2 bonnes pincées de poivre

Servez avec du pain ou du riz.

Par personne : calories : 212, protéines : 13 mg, lipides : 9 mg, glucides : 7 mg

Poêlée de tofu aux champignons

Pour 4 personnes

Faites chauffer dans une poêle ou un wok :
    2 cuillerées à soupe d'huile

Faites revenir tout en remuant :
    175 g de champignons hachés
    80 g d'oignons hachés
    (ou 1 cuillerée à soupe d'oignon en poudre)
    500 g tofu émietté
    1 gousse d'ail émincée (ou 1 pincée d'ail en poudre)

Quand le tofu commence à rissoler, ajoutez :
    1 cuillerée à soupe de sauce soja
    1 cuillerée à soupe de persil frais haché

Servez avec du riz, des pâtes ou du pain grillé.

Pour 175 g : calories : 215, protéines : 13 mg, lipides : 9 mg, glucides : 8 mg

Tofu rancheros

Pour 4 personnes

Faites chauffer dans une poêle ou un wok :
    2 cuillerées à soupe d'huile

Ajoutez :
    1 petit oignon haché
    500 g de tofu émietté
    1 gousse d'ail émincée

Faites cuire tout en remuant pendant 5 minutes puis ajoutez :
    1 belle tomate coupée en dés
    2 cuillerées à soupe de persil frais haché
    1 boîte de 100 g de piments verts égouttés et hachés
    1 cuillerée à café de sel

Servez chaud avec des tortillas chaudes. Parsemez de sauce piquante.

Pour 80 g : calories : 186, protéines : 11 mg, lipides : 8 mg, glucides : 7 mg

Riz au four à la mexicaine

Pour 6 personnes

Mélangez puis versez dans un plat à gratin :
    3,5 tasses de riz cuit
    1/2 litre de Fausse crème-aigre (voir page 64)
    115 g de fromage râpé (réservez-en un
    peu pour en parsemer le gratin)
    200 g de piments verts en boîte, essorés et hachés
    1 pointe de piment de Cayenne (facultatif)

Parsemez le fromage réservé sur la préparation et faites cuire 15-20 minutes au four, jusqu'à ce que le fromage soit chaud et fondu. Le temps de cuisson est plus long lorsque l'on commence avec du riz froid.

Pour 175 g : calories : 383, protéines : 10 mg, lipides : 21 mg, glucides : 31 mg

Galettes de tofu

Pour 12 galettes

Préparez :
    550 g de purée de pommes de terre épaisse (préparée
    avec des flocons selon le mode d'emploi du paquet)

Faites sauter :
    1 cuillerée à soupe d'huile
    1 oignon moyen haché

Incorporez à la purée de pomme de terre puis mixez le tout avec :
    250 g de tofu émietté
    1/4 de tasse de persil haché
    1/2 cuillerée à café de sel
    2 bonnes pincées de poivre

Formez 12 petites galettes de 1 cm d'épaisseur et faites-les dorer 4 minutes sur chaque face dans 2 cuillerées à soupe d'huile.

Par galette : calories : 83, protéines : 3 mg, lipides : 4 mg, glucides : 8 mg

Trempettes et Tartinades

Pâte à tartiner aux olives et aux noix de pécan   40
Pâte au fromage bleu   41
Pâte aux noix de cajou   38
Sauce au raifort   37
Sauce chutney-curry   39
Sauce concombre à l'aneth   41
Sauce de la déesse verte   43
Sauce express à la tomate   39
Sauce express aux légumes   39
Sauce express aux oignons   39
Sauce extrême-orientale   38
Sauce rose épicée   37
Sauce Tartare   40
Sauce tofu aux herbes   42
Sauce verte   37
Tartinade au pistou   42

Sauce verte

Vous aimerez cette sauce savoureuse à la riche couleur verte. Un bon moyen pour faire manger des épinards à vos enfants.

Mélangez à l'aide d'un robot :
- 1/2 litre de Fausse crème-aigre (page 64), sans sel
- 500 g d'épinards frais, lavés, dont vous avez ôté la nervure centrale et que vous avez hachés

Pour 2 cuillerées à soupe
Calories : 75, Protéines : 2 mg, Lipides : 5 mg, Glucides : 3 mg

Sauce au raifort

Passez au robot jusqu'à obtenir une crème lisse :
- 250 g de tofu
- 3 cuillerées à soupe d'huile
- 2 cuillerées à soupe de jus de citron
- 2 cuillerées à soupe de pâte de raifort
- 1/2 cuillerée à café de sel

Pour 2 cuillerées à soupe
Calories : 56, Protéines : 2 mg, Lipides : 4 mg, Glucides : 1 mg

Sauce rose épicée

Une trempette idéale avec des tortillas chips.

Passez au robot jusqu'à obtenir une crème :
- 250 g de tofu
- 1 cuillerée à soupe d'huile
- 250 ml de sauce tomate
- quelques gouttes de Tabasco®

Pour 2 cuillerées à soupe
calories : 26, Protéines : 1mg, lipides : 1 mg, glucides : 2 mg

Sauce extrême-orientale

Passez au robot jusqu'à obtenir une crème lisse :
    250 g de tofu
    3 oignons verts hachés
    2 cuillerées à soupe d'huile
    1 cuillerée à soupe de jus de citron
    1 cuillerée à soupe de gingembre confit émincé

Incorporez :
    30 g de noix hachées

Pour 2 cuillerées à soupe
calories : 46, protéines : 2 mg, lipides : 3 mg, glucides : 2 mg

Pâte aux noix de cajou

Passez au robot :
    80 g de noix de cajou grillées et salées
    Réservez 30 g de noix de cajou que vous n'incorporerez qu'en fin de recette.

Ajoutez dans le robot jusqu'à obtenir une crème lisse :
    250 g de tofu
    2 cuillerées à soupe de jus de citron
    2 cuillerées à soupe d'huile

Incorporez les noix de cajou réservées et concassées.

Pour 2 cuillerées à soupe : calories : 58, protéines : 2 mg, lipides : 3 mg, glucides : 2 mg

Sauce express aux oignons

Passez au robot jusqu'à obtenir une crème lisse :
   1/2 litre de *Fausse crème-aigre* (page 64), sans sel

Incorporez tout en remuant :
   1 sachet de soupe à l'oignon déshydratée (80 g)

Sauce express aux légumes

Dans la recette précédente, remplacez la soupe à l'oignon par de la soupe aux légumes.

Sauce express à la tomate

Dans la recette précédente, remplacez la soupe à l'oignon par de la soupe à la tomate.

Pour 75 ml : calories :79, protéines : 2 mg, lipides : 6 mg, glucides : 3 mg

Sauce chutney-curry

Délicieuse avec des crudités, ou à étaler sur des petits pains.

Passez au robot jusqu'à obtenir une crème lisse :
   250 g de tofu
   60 g de chutney à la mangue
   2 cuillerées à soupe d'huile
   1 cuillerée à soupe de jus de citron frais
   1 cuillerée à café de curry en poudre
   2 pincées de cumin en poudre
   1 pointe de piment de Cayenne (facultatif)

Pour 2 cuillerées à soupe
calories : 37, protéines : 1 mg, lipides : 2 mg, glucides : 2 mg

Pâte à tartiner aux olives et aux noix de Pécan

Idéal pour tartiner des sandwichs. À étaler sur des toasts pour un apéritif.

Passez au robot jusqu'à obtenir une crème lisse :
  250 g de tofu
  2 cuillerées à soupe d'huile
  3 cuillerées à soupe de jus de citron
  1 pincée de sel

Incorporez :
  30 g de noix de pécan concassées
  6 cuillerées à soupe d'olives pimentées hachées

Pour 2 cuillerées à soupe
calories : 41, protéines : 1 mg, lipides : 1 mg, glucides : 2 mg

Sauce tartare

Hachez très fin :
  1 petit oignon

Ajoutez :
  250 g de tofu
  75 ml de jus de citron
  2 cuillerées à soupe d'huile
  2 cuillerées à soupe de sucre ou de miel
  1/2 cuillerée à café de moutarde
  3/4 de cuillerée à café de sel

Travaillez au robot jusqu'à obtenir une crème lisse puis ajoutez :
  30 g de cornichons ou de bons pickles

Pour 2 cuillerées à soupe
calories : 30, protéines : 1 mg, lipides : 1 mg, glucides : 3 mg

Pâte au fromage bleu

Délicieux pour farcir des petites branches de céleri cru.

Passez au robot jusqu'à obtenir une crème lisse :
- 250 g de tofu
- 115 g de bleu de Bresse
- 75 ml de lait ou de lait de soja
- 2 cuillerées à soupe de sauce chili (ou sauce tomate pimentée de Tabasco®)
- 2 cuillerées à soupe d'huile
- 1 cuillerée à soupe de vinaigre
- 1/2 cuillerée à café de sel
- 1 pincée d'ail en poudre (ou une gousse d'ail pressée)

Pour 2 cuillerées à soupe
calories : 64, protéines : 3 mg, lipides : 4 mg, glucides : 1 mg

Sauce concombre à l'aneth

Excellent avec pour y tremper des légumes crus.

Passez au robot jusqu'à obtenir une crème lisse :
- 250 g de tofu
- 2 concombres, pelés, épépinés et hachés
- 8 oignons verts hachés
- 4 cuillerées à soupe de vin blanc
- 2 cuillerées à café d'aneth haché
- 1/2 cuillerée à café de sel
- 1 bonne pincée de poivre

Pour 2 cuillerées à soupe : calories : 44, protéines : 1 mg, lipides : 4 mg, glucides : 1 mg

Tartinade au pistou

Utilisez cette tartinade pour fabriquer une Pizza au pistou (page 104).

Hachez finement au robot :
    2 gousses d'ail

Ajoutez et continuez à hacher :
    1/2 tasse de feuilles de basilic frais
    1/4 de tasse de persil

Ajoutez et passez au robot jusqu'à obtenir une crème lisse :
    250 g de tofu
    3 cuillerées à soupe de pignons ou de noix
    2 cuillerées à soupe de parmesan
    2 cuillerées à soupe d'huile d'olive

Sauce tofu aux herbes

Passez au robot jusqu'à obtenir une crème lisse :
    250 g de tofu
    2 cuillerées à soupe de persil frais
    1 cuillerée à soupe d'huile d'olive
    1/2 cuillerée à café de basilic
    1/2 cuillerée à café d'origan
    1/2 cuillerée à café de sel

Pour 2 cuillerées à soupe
calories : 36, protéines : 2 mg, lipides : 1 mg, glucides : 1 mg

Sauce de la déesse verte

Hachez à l'aide d'un robot :
- 1 gousse d'ail
- 4 oignons verts (blanc et vert compris)
- 1/2 tasse de persil

Incorporez et travaillez au robot jusqu'à obtenir une crème lisse :
- 250 g de tofu
- 1 cuillerée à soupe d'huile
- 1/2 cuillerée à café de sel
- 2 bonnes pincées de poivre
- 1 pincée d'estragon

Pour 2 cuillerées à soupe
calories : 29, protéines : 2 mg, lipides : 1 mg, glucides : 1 mg

Salades

Avocats farcis	56
Salade aux faux poulet	51
Salades aux épinards et aux oignons	49
Salades aux quatre légumineuses	57
Salades d'avocat	48
Salade de chou à l'ananas et aux cacahuètes	48
Salade de concombre à l'aneth	53
Salade de haricots pinto	49
Salade de macaronis	54
Salade de pâtes au poivron vert	57
Salade de pâtes et de tofu	55
Salade d'épinards au sésame	58
Saladede de pois chiches	52
Salade de pommes de terre de l'Iowa	55
Salade de riz au curry	52
Salade de tofu n°1	53
Salade de tofu n°2	54
Salade libanaise pour sandwich pita	50
Salade taco	47
Salade Waldorf	51

Salade taco

Émiettez dans un saladier :
   500 g de tofu

Saupoudrez avec :
   1 sachet de préparation pour sauce tacos en poudre (50 g)

Mélangez puis faites rissoler dans :
   2 cuillerées à soupe d'huile

Pendant que le tofu cuit, mélangez ou disposez joliment dans un saladier :
   2 tomates coupées en morceaux
   1 petite laitue préparée
   1 petit oignon haché
   1 avocat bien mûr coupé en dés
   1 concombre haché
   80 g d'olives (noires ou vertes) hachées

A la dernière minute, juste avant de servir, ajoutez :
   225 g de tortillas chips
   le tofu parfumé

Si vous avez choisi de mélanger tous les ingrédients, servez immédiatement pour que les chips n'aient pas le temps de ramollir. Parsemez d'une sauce pimentée.

Pour 350 g : calories : 165, protéines : 6 mg, lipides : 5 mg, glucides : 8 mg

Salade d'avocat

Mélangez soigneusement :
- 75 ml de jus de citron vert
- 2 cuillerées à soupe de persil ou de cerfeuil haché
- 2 cuillerées à soupe d'huile
- 1 cuillerée à café de sel
- 1 pincée d'ail en poudre (ou une gousse d'ail pressée)
- 2 bonnes pincées de poivre

Versez cette sauce sur :
- 350 g de tofu coupé en dés de 1 cm
- 2 tomates mûres coupées en petits morceaux
- 1 avocat mûr coupé en dés
- 1 petit poivron vert haché
- 75 ml d'oignon rouge haché

Servir dans l'assiette sur une frisée ou une romaine. On peut aussi, avec quelques feuilles de laitue, en garnir une pita.

Pour 1/2 litre : calories : 197, protéines : 10 mg, lipides : 6 mg, glucides : 7 mg

Salade de chou à l'ananas et aux cacahuètes

Mélangez dans un saladier :
- 600 g de chou râpé
- 2 carottes moyennes râpées
- 1 boîte de 400 g d'ananas égouttés puis coupés en morceaux (ou 350 g d'ananas frais coupés en morceaux)
- 80 g de cacahuètes grillées (mais non salées)

Arrosez cette salade d'une sauce Cole Slaw (250 g) de la page 66.

Pour 350 g : calories : 255, protéines : 7 mg, lipides : 11 mg, glucides : 22 mg

Salade aux épinards et aux pignons

Préparez :
    250 g de jeunes feuilles d'épinards, lavées et nervure centrale ôtée.
    1 petit oignon rouge, haché
    2 branches de céleri hachées en diagonale
    80 g de pignons
    250 g de tofu coupé en petits dés

Sauce
Mélangez soigneusement (en secouant, dans un récipient hermétique par exemple)
    4 cuillerées à soupe d'huile d'olive
    2 cuillerées à soupe de vinaigre de vin
    1/2 cuillerée à café de sel
    1/2 cuillerée à café de moutarde
    2 bonnes pincées de poivre

Disposez les dés de tofu dans un saladier de service, transparent de préférence. Arrosez de sauce et remuez jusqu'à ce que le tofu soit bien imprégné. Alors seulement, ajoutez le reste des ingrédients et mélangez à nouveau.

Pour 350 g : calories : 178, protéines : 9 mg, lipides : 10 mg, glucides : 7 mg

Salade de haricots pinto[1]

Mélangez dans un saladier :
    1 boîte de 450 g de haricots pinto (ou de haricots rouges) cuits au naturel et égouttés
    500 g de tofu égoutté et coupé en petits dés

---

[1] Les haricots *pinto*, « peint » en espagnol, sont beiges et tachetés de brun clair. Ils deviennent roses à la cuisson. NDT.

4 oignons verts (blanc et vert) hachés
8 petits radis roses coupés en rondelles
80 g de céleri branche haché
125 ml de vinaigrette à l'huile d'olive et à l'origan

Mélangez tous les ingrédients et servez sur des feuilles de salade.

Pour 80 g : calories : 149, protéines : 6 mg, lipides : 4 mg, glucides : 13 mg

Salade libanaise pour sandwich pita

Dans un bol mélangeur secouez énergiquement :
   75 ml d'huile
   2 cuillerées à soupe de jus de citron
   1/2 cuillerée à café de sel
   1 gousse d'ail hachée fin
   quelques gouttes de sauce pimentée (type Tabasco®)

Ajoutez ensuite :
   500 g de tofu coupé en petits dés

Dans un saladier mélangez :
   2 tasses de feuilles de laitue (ou d'épinard)
   1 concombre épépiné et haché
   2 tomates coupées en dés
   2 oignons verts hachés
   30 g de raisins de Corinthe
   1/4 tasse de menthe fraîche hachée
   1/4 de tasse de persil frais haché

Incorporez le tofu et la sauce dans la salade et servez dans des pains pitas chauds coupés en deux.

Pour 175 g : calories : 187, protéines : 4 mg, lipides : 10 mg, glucides : 10 mg

Salade Waldorf

Mélangez ensemble :
    350 g de pommes hachées
    1 cuillerée à soupe de jus de citron
    175 g de céleri branche coupé en dés
    80 g de noix concassées

Puis incorporez :
    250 ml de Fausse crème-aigre (page 64)

Servez bien frais.

Pour 150 g : calories : 239, protéines : 6 mg, lipides : 17 mg, glucides : 14 mg

Salade au faux poulet

Mélangez dans un saladier :
    500 g de tofu coupé en cubes de 1 cm
    2 cuillerées à soupe de jus de citron
    1/2 cuillerée à café de sel de céleri

Ajoutez :
    175 g de céleri coupé en dés
    1 oignon vert émincé
    80 g d'amandes concassées et toastées
    1/2 cuillerée à café de sel

Arrosez avec :
    250 ml de Fausse crème-aigre (page 64)

Servez bien frais.

Pour 175 g : calories : 336, protéines : 16 mg, lipides : 14 mg, glucides : 10 mg

Salade de pois chiches

Pour la sauce, mélangez ensemble dans un saladier :
- 75 ml d'huile
- 2 cuillerées à soupe de vinaigre
- 1 cuillerée à café de curry en poudre
- 1/2 cuillerée à café de sel
- 2 bonnes pincées de poivre

Ajoutez à la sauce :
- 500 g de pois chiches cuits au naturel et égouttés
- 250 g de tofu râpé grossièrement
- 80 g de céleri branche coupé en dés
- 2 cuillerées à soupe d'oignon rouge émincé

Mélangez bien et rectifiez au besoin l'assaisonnement. S'il n'est pas très épicé, vous aurez peut-être besoin de rajouter du curry. Servez bien frais sur une laitue.

Salade de riz au curry

Préparez et réservez :
- 175 g de Fausse crème-aigre (page 64)
- 175 g de reste de riz cuit

Mettez le riz dans un saladier et ajoutez :
- 1/2 concombre haché
- 1 oignon vert haché
- 3 cuillerées à soupe de chutney à la mangue
- 1 cuillerée à soupe de jus de citron
- 2 cuillerées à café de curry en poudre
- 1/2 cuillerée à café de cumin

Mélangez les ingrédients à la Fausse crème-aigre. Servez bien frais sur de la laitue.

Pour 80 g : calories : 170, protéines : 2 mg, lipides : 9 mg, glucides : 15 mg

Salade de concombre à l'aneth

Pelez et coupez en tranches :
   2 concombres moyens

Parsemez sur les concombres :
   1 cuillerée à café de sel
   des glaçons

Mettez au réfrigérateur pendant 15 minutes, rincez, égouttez et pressez pour enlever l'excédent d'eau.

Ajoutez :
   1 petit oignon haché
   75 ml de *Fausse crème-aigre* (page 64)
   1/2 cuillerée à café d'aneth haché

Mélangez et servez.

Pour 80 g : calories : 90, protéines : 3 mg, lipides : 7 mg, glucides : 2 mg

Salade de tofu n° 1

Mélangez dans un saladier :
   500 g de tofu écrasé, émietté ou grossièrement râpé
   1/3 de tasse de poivron rouge ou jaune coupé en dés
   1 oignon haché
   2 cuillerées à soupe de persil frais haché
   1 pincée d'ail en poudre (ou une gousse d'ail pressée)

Arrosez la salade avec :
   175 ml de *Fausse mayonnaise* (page 65)
   ou de mayonnaise.

Pour 80 g : calories : 129, protéines : 7 mg, lipides : 7 mg, glucides : 3 mg

Salade de tofu n°2

Mélangez dans un saladier :
    500 g de tofu écrasé, émietté ou grossièrement râpé
    1/3 de tasse de pickles doux
    1 oignon haché
    80 g de céleri branche haché
    1 gousse d'ail pressée ou 1 pincée d'ail en poudre
    2 cuillerées à soupe de levure diététique (facultatif)
    1 cuillerée à soupe de persil

Versez sur la salade puis mélangez :
    175 ml de Fausse crème-aigre (page 64)
    ou de mayonnaise.

Pour 80 g : calories : 140, protéines : 7 mg, lipides : 7 mg, glucides : 6 mg

Salade de macaronis

Faites cuire al dente dans de l'eau bouillante et salée :
    175 g de petits macaronis

Rincez à l'eau froide et égouttez.

Mélangez les macaronis dans un saladier avec :
    350 g de tofu coupé en petits dés
    175 g de sauce cocktail
    80 g de poivron vert haché
    1 oignon vert haché
    75 ml de mayonnaise

Servez sur un lit de laitue.

Pour 80 g : calories : 121, protéines : 4 mg, lipides : 3 mg, glucides : 12 mg

Salade de pâtes et de tofu

Faites cuire *al dente* dans de l'eau bouillante et salée :
  225 g de pâtes spirales

Rincez à l'eau froide puis égouttez.

Mélangez dans un saladier :
  250 g de tofu râpé grossièrement à l'aide d'une râpe plate
  80 g de céleri branche haché
  4 oignons verts hachés (blanc et vert)

Mélangez tous les ingrédients avec :
  1/2 litre de **Sauce moutarde paquebot** (page 67)

Garnissez enfin avec :
  1 boîte de 225 g de pointes d'asperges égouttées
  (ou 1 boîte de cœurs d'artichauts égouttés)

Pour 175 g : calories : 370, protéines : 10 mg, lipides : 11 mg, glucides : 27 mg

Salade de pommes de terre de l'Iowa

Lavez, brossez, puis coupez en morceaux :
  4 pommes de terres moyennes

Faites-les bouillir dans l'eau salée jusqu'à ce qu'elles soient tendres. Égouttez puis ôtez la peau. Si les pommes de terre ont bien été nettoyées, il n'est pas forcément nécessaire de les éplucher.

Pendant que les pommes de terre sont encore chaudes, arrosez-les d'une vinaigrette réalisée avec :
- 2 cuillerées à soupe d'huile
- 2 cuillerées à soupe de vinaigre
- 1/2 cuillerée à café de sel
- 1 bonne pincée de poivre

Laissez refroidir. Ajoutez aux pommes de terre froides :
- 1 oignon émincé
- 250 g de céleri branche coupé en dés
- 1/4 de tasse de persil haché
- du sel de céleri à votre goût

Sauce
Mélangez au robot jusqu'à obtenir une sauce lisse et crémeuse :
- 250 g de tofu écrasé ou émietté
- 3 cuillerées à soupe d'huile
- 3 cuillerées à soupe de vinaigre
- 1 cuillerée à soupe d'eau froide

Mélangez soigneusement la sauce à la salade et servez bien frais.

Pour 80 g : calories : 105, protéines : 3 mg, lipides : 6 mg, glucides : 8 mg

Avocats farcis

Pour 4 personnes

Coupez en deux et ôtez les noyaux de :
- deux avocats

Mélangez pour former la farce :
- 250 g de tofu
- 1 poivron haché
- 1 cuillerée à soupe d'huile d'olive
- 1 cuillerée à soupe de vinaigre de vin rouge
- 1/2 cuillerée à café de basilic

1/2 cuillerée à café de sel
1 pincée d'ail en poudre (ou une gousse d'ail pressée)
2 bonnes pincées de poivre

Farcissez chaque moitié d'avocat avec 80 g de la préparation.

Par personne : calories : 212, protéines : 13 mg, lipides : 4 mg, glucides : 19 mg

Salade de pâtes au poivron vert

Faites cuire *al dente* à l'eau bouillante salée :
    225 g de fusili

Faites sauter ensemble :
    2 cuillerées à soupe d'huile d'olive
    1 poivron vert coupé en lanières
    2 gousses d'ail hachées

Mélangez tous les ingrédients dans un saladier avec :
    350 g de tofu râpé
    80 g d'amandes grillées
    125 ml de vinaigrette à l'huile d'olive et au parmesan

Pour 175 g : calories : 250, protéines : 8 mg, lipides : 7 mg, glucides : 23 mg

Salade aux quatre légumineuses

Mélangez dans un robot ou dans un bol mélangeur :
    125 ml d'huile
    75 ml de vinaigre de cidre
    1 cuillerée à café d'origan
    1 cuillerée à café de sel

1/2 cuillerée à café de moutarde
2 bonnes pincées de poivre

Mélangez dans un saladier :
250 g de tofu coupé en petits cubes
1 petit oignon haché
1 branche de céleri haché
250 g de haricots verts (frais ou surgelés) cuits

Arrosez de sauce la salade quand les haricots verts sont encore chauds, puis ajoutez :
1 boîte de 500 g de haricots rouges égouttés puis rincés
1 boîte de 500 g de pois chiches égouttés puis rincés

Mélangez tous les ingrédients et laissez mariner toute la nuit.

Pour 175 g : calories : 395, protéines : 17 mg, lipides : 14 mg, glucides : 45 mg

Salade d'épinards au sésame

Préparez et réservez :
250 g de feuilles d'épinards lavées
250 g de laitue
1 oignon rouge haché
250 g de tofu coupé en dés d'1 cm

Pour faire la sauce, mélangez soigneusement :
2 cuillerées à soupe d'huile
2 cuillerées à soupe de vinaigre de vin blanc
1 cuillerée à soupe de sauce soja
1 cuillerée à café d'huile de sésame
1 bonne pincée de gingembre en poudre
1 pincée d'ail en poudre (ou une gousse d'ail pressée)
1 bonne pincée de poivre

Faites chauffer dans une poêle :
   1 cuillerée à soupe d'huile

Faites-y rissoler tout en remuant :
   2 cuillerées à soupe de graines de sésame

Ajoutez :
   les dés de tofu
et remuez jusqu'à ce qu'ils soient bien imprégnés et parsemés de sésame. Hors du feu, arrosez de sauce et remuez. Dans le saladier, mélangez le tofu aux salades.

Ajoutez éventuellement un peu de sel et servez immédiatement.

Pour 175 g : calories : 90, protéines : 4 mg, lipides : 5 mg, glucides : 3 mg

Sauces pour salades

Fausse crème-aigre (fausse *sour cream*)   64
Fausse mayonnaise   65
Sauce ail et basilic   63
Sauce à l'ail basses calories   66
Sauce au concombre à l'aneth   67
Sauce chutney   63
Sauce Cole Slaw   66
Sauce curry   65
Sauce paquebot à la moutarde   67
Sauce pour salade de fruits de maman   64
Sauce rose basses calories   66

Sauce ail et basilic

Hachez à l'aide d'un robot :
    4 gousses d'ail

Ajoutez :
    1/2 tasse de basilic frais

Ajoutez dans le robot, et travaillez pour obtenir une consistance crémeuse et lisse :
    250 g de tofu
    4 cuillerées à soupe d'huile d'olive
    2 cuillerées à soupe de vinaigre de vin
    1/2 cuillerée à soupe de sel

Pour 2 cuillerées à soupe
calories : 66, protéines : 2 mg, lipides :3 mg, glucides : 1 mg

Sauce chutney

Passez au robot jusqu'à obtenir une sauce lisse et onctueuse :
    250 g de tofu
    3 cuillerées à soupe de chutney
    2 cuillerées à soupe d'huile
    1 cuillerée à soupe de jus de citron
    1/2 cuillerée à café de sel
    75 ml d'eau

Pour 2 cuillerées à soupe
calories : 32, protéines : 1 mg, lipides : 2 mg, glucides : 1 mg

Fausse crème-aigre
(fausse sour cream)

À base de tofu, cette Fausse crème-aigre est une sauce basses calories et sans cholestérol qui remplacera parfaitement la crème aigre. La sour cream est une crème fraîche liquide au goût sûr, fabriquée à partir de crème fraîche et de babeurre, utilisée pour assaisonner les salades, les pommes de terre...

Mélangez au robot jusqu'à obtenir une sauce lisse et crémeuse :
    250 g de tofu
    50 ml d'huile
    2 cuillerées à soupe de jus de citron
    1/2 cuillerée à café de sel

Pour 2 cuillerées à soupe
calories : 67, protéines : 2 mg, lipides : 6 mg, glucides : 1 mg

Sauce pour salade de fruits de maman

Mélangez au robot pour obtenir une sauce lisse et onctueuse :
    250 ml d'huile
    125 g de tofu
    80 g de miel
    125 ml de vinaigre
    2 cuillerées à soupe d'oignon haché
    2 cuillerées à soupe graines de céleri
    1,5 cuillerée à café de moutarde
    1 cuillerée à café de sel
    1 cuillerée à café de paprika

Pour 2 cuillerées à soupe
calories : 130, protéines : 1 mg, lipides : 11 mg, glucides : 7 mg

Fausse mayonnaise

Une sauce basses calories et sans cholestérol.

Mélangez au robot jusqu'à obtenir une sauce crémeuse et lisse :
- 250 g de tofu mou
- 50 ml d'huile
- 3 cuillerées à soupe de vinaigre de cidre
- 1 cuillerée à soupe de sucre ou de miel
- 1 cuillerée à café de moutarde
- 1/2 cuillerée à café de sel
- 2 bonnes pincées de poivre

Pour 2 cuillerées à soupe
calories : 67, protéines : 2 mg, lipides : 5 mg, glucides : 1 mg

Sauce au curry

Une sauce idéale pour les salades de fruits.

Mélangez au robot jusqu'à obtenir une consistance lisse et crémeuse :
- 125 g de tofu
- 50 ml d'huile
- 3 cuillerées à soupe de jus de citron
- 1 cuillerée à soupe de miel
- 1/2 cuillerée à café de curry
- 2 pincées de gingembre
- 2 pincées de sel

Pour 2 cuillerées à soupe
calories : 82, protéines : 1 mg, lipides : 7 mg, glucides : 3 mg

Sauce à l'ail
basses calories

Hachez au robot :
    2 gousses d'ail

Ajoutez et continuez de travailler au robot jusqu'à obtenir une sauce crémeuse et lisse :
    125 g de tofu
    50 ml de vinaigre de riz
    2 cuillerées à soupe d'huile
    2 cuillerées à soupe d'eau (si besoin)
    1/2 cuillerée à café de sel
    1 cuillerée à café de moutarde
    2 bonnes pincées de poivre

Pour 2 cuillerées à soupe
calories : 42, protéines : 2 mg, lipides : 3 mg, glucides : 1 mg

Sauce rose basses calories

Ajoutez à la sauce précédente 50 ml de sauce tomate.

Sauce cole slaw

Mélangez dans le robot, jusqu'à ce que la sauce soit lisse et onctueuse :
    125 g de tofu
    50 ml d'huile
    50 ml de vinaigre de cidre
    25 g de sucre ou 2 cuillerées à soupe de miel
    2 pincées de sel
    2 bonnes pincées de poivre
    1/2 petit oignon

Vous en aurez assez pour assaisonner 750 g de légumes râpés (chou blanc, chou rouge, carotte...)

Pour 2 cuillerées à soupe
calories : 73, protéines : 2 mg, lipides : 5 mg, glucides : 5 mg

Sauce au concombre à l'aneth

Mélangez au robot jusqu'à obtenir une sauce onctueuse et lisse :
- 125 g de tofu
- 1 concombre pelé et coupé en 8 morceaux
- 2 cuillerées à soupe de vinaigre de riz
- 2 cuillerées à soupe d'huile
- 1/2 cuillerée à café de sel
- 2 bonnes pincées de poivre

Pour 2 cuillerées à soupe
calories : 22, protéines : 1 mg, lipides : 1 mg, glucides : 1 mg

Sauce paquebot à la moutarde

Mélangez au robot :
- 125 g de tofu
- 2 cuillerées à soupe de moutarde de Dijon
- 2 cuillerées à soupe de parmesan râpé
- 1 pincée de sel

Ajoutez pendant que le robot tourne :
- 125 ml d'huile

Pour 2 cuillerées à soupe
calories : 66, protéines : 1 mg, lipides : 6 mg, glucides : 5 mg

Soupes

Fausse vichyssoise	77
Gaspacho plein de morceaux	74
Soupe américaine au maïs	72
Soupe au potiron	76
Soupe aux épinards	75
Soupe aux gombos	71
Soupe de pommes de terre et de tofu	77
Soupe miso aux légumes	73
Southwestern chili	73

Soupe aux gombos

Hachez :
   250 g de tofu
   (Cette recette s'accommode très bien de tofu surgelé)

Dans une cocotte à fond épais, faites roussir tout en remuant :
   2 cuillerées à soupe de margarine ou de beurre
   2 cuillerées à soupe de farine

Versez :
   250 ml d'eau
   3 cuillerées à soupe de bouillon de légumes en poudre

Portez à ébullition puis ajoutez :
   250 g de gumbos surgelés[1]
   le tofu
   1 boîte de 425 g de tomates pelées
   grossièrement hachées avec leur jus
   1 feuille de laurier

Remuez, couvrez puis portez à ébullition. Laissez frémir 18-20 minutes jusqu'à ce que les légumes soient tendres. Servez accompagné d'un riz bien épicé.

Pour 250 ml de soupe
calories : 157, protéines : 7 mg, lipides : 5 mg, glucides : 19 mg

---

[1] Le gombo est un légume vert de 7-8 cm de long dont l'intérieur est divisé en gousses. Il contient une substance mucilagineuse qui épaissit soupes et sauces. En France, vous trouverez plutôt des gombos frais dans les épiceries africaines ou indiennes. Brossez-les, lavez-les, ôtez les extrémités puis procédez comme dans la recette.

Soupe américaine au maïs

Préparez et réservez :
- 2 oignons hachés
- 1 piment vert ou rouge haché
- 2 branches de céleri hachées
- 2 petites pommes de terre coupées en cubes d'1 cm
- 2 gousses d'ail pressées

Faites chauffer dans une casserole :
- 2 cuillerées à soupe d'huile

Ajoutez tous les légumes préparés, remuez et faites cuire jusqu'à ce que les oignons soient transparents.

Puis ajoutez :
- 1 litre d'eau
- 1 feuille de laurier
- 1 pincée de thym

Lorsque l'ébullition commence et que les légumes sont presque tendres, ajoutez :
- 4 cuillerées à soupe de bouillon de légumes
- 450 g de maïs surgelé
- 250 g de tofu coupé en cubes d'1 cm
- 2 tours du moulin à poivre

Servez lorsque le maïs est bien tendre. Garnissez avec des rondelles de poivron rouge ou vert que vous aurez réservées.

Pour 250 ml : calories : 131, protéines : 5 mg, lipides : 4 mg, glucides : 18 mg

Southwestern chili

Débitez en petits morceaux :
   500 g de tofu
   (Cette recette s'accommode très bien de tofu surgelé)

Faites sauter dans une cocotte :
   2 cuillerées à soupe d'huile
   1 poivron vert moyen coupé en dés
   2 gousses d'ail

Quand ils sont presque tendres, ajoutez :
les morceaux de tofu
   1,5 cuillerée de paprika (ou autre piment en poudre)
   1 cuillerée à café de cumin
   1 cuillerée à café de sel

Faites sauter tous les ingrédients jusqu'à ce que les légumes soient tendres puis ajoutez :
   1 boîte de 750 g de haricots rouges cuits au naturel
   3/4 de litre d'eau

Servez quand la soupe est bien chaude.

Pour 2 cuillerées à soupe
calories : 221, protéines : 14 mg, lipides : 4 mg, glucides : 27 mg

Soupe miso aux légumes

Préparez :
   175 g de carottes coupées en rondelles
   175 g d'oignons coupés en fines tranches
   175 g de céleri-branche coupé en petits morceaux
   500 g de chou haché

Faites chauffer dans une grande cocotte :
   50 ml d'huile

Ajoutez les oignons et faites sauter quelques minutes puis ajoutez le céleri et le chou et continuez à faire frire à feu moyen.

Pendant que les légumes sont en train de cuire, attendrissez les carottes pendant deux minutes dans :
　　250 ml d'eau bouillante

Versez les carottes et l'eau dans la cocotte ainsi que :
　　2 cuillerées à soupe de bouillon de légumes en poudre
　　(ou 1 bouillon-cube)
　　1,5 litre d'eau bouillante
　　2 bonnes pincées de poivre
　　1 gousse d'ail pressée (ou 1 pincée d'ail en poudre)

Portez à ébullition, réduisez le feu puis laissez mijoter pendant 5 minutes. Ajoutez alors :
　　500 g de tofu coupé en petits cubes d'1 cm

Faites une pâte avec :
　　3 cuillerées à soupe de miso
　　125 ml d'eau froide

Versez cette pâte dans la soupe au dernier moment, elle ne doit pas bouillir.

Pour 250 ml : calories : 107, protéines : 5 mg, lipides : 6 mg, glucides : 6 mg

Gaspacho plein de morceaux

Mélangez dans un saladier :
　　350 g de tomates fraîches, pelées et
　　coupées en petits morceaux
　　250 g de tofu coupé en petits dés
　　500 ml de jus de tomate
　　1 concombre moyen épépiné puis coupé en morceaux
　　1 piment vert émincé

1 oignon vert émincé
1,5 cuillerée à soupe de persil frais émincé
1 cuillerée à soupe d'huile d'olive
1 cuillerée à soupe de vinaigre de vin
1 cuillerée à café de sel
2 pincées d'ail en poudre ou 2 gousses d'ail pressées
2 pincées de basilic
2 pincées d'origan
2 pincées de poivre noir

Servez bien frais.

Pour 175 g : calories : 86, protéines : 5 mg, lipides : 1 mg, glucides : 9 mg

Soupe aux épinards

Préparez et réservez :
    300 g d'épinards surgelés, décongelés et égouttés
    3/4 de litre de bouillon de légumes
    125 g de flocons de pommes de terre

Faites sauter :
    2 cuillerées à soupe de margarine
    2 cuillerées à soupe d'oignons hachés

Ôtez du feu et ajoutez :
    250 g de tofu émietté

Dans une cocotte, versez le bouillon de légumes sur les épinards et faites cuire.

Prélevez 125 ml du bouillon et mélangez-le avec :
    125 ml de lait

Versez le tout sur les flocons de pommes de terre et remuez vigoureusement avec une fourchette.

Incorporez la purée aux épinards et au bouillon et passez le tout au mixeur. Allongez si besoin avec :
    125 ml de lait ou de lait de soja

Faites réchauffer avant de servir avec le tofu.

Pour 175 g : calories : 210, protéines : 8 mg, lipides : 4 mg, glucides : 29 mg

Soupe au potiron

Épluchez, ôtez les graines, puis coupez en dés la chair de :
    500 g de potiron

Faites cuire le potiron dans
    1,5 litre d'eau bouillante et salée
puis passez le tout au mixeur.

Faites sauter dans une cocotte :
    2 cuillerées à soupe d'huile
    350 g de pommes de terre coupées en dés
    1 oignon moyen haché
    3 gousses d'ail hachées

Quand les légumes sont presque cuits, ajoutez :
    250 g de tofu coupé en dés

Assaisonnez avec :
    1,5 cuillerée à soupe de sel
    1/2 cuillerée à soupe de poivre

Quand les pommes de terre sont bien tendres, ajoutez :
    la soupe de potiron

Servez bien chaud.

Pour 175 g : calories : 126, protéines : 5 mg, lipides : 4 mg, glucides : 15 mg

Soupe de pommes de terre et de tofu

Faites cuire pendant 20 minutes dans une cocotte :
    1 litre d'eau
    4 pommes de terre moyennes, pelées et coupées en 4
    1 oignon moyen haché
    1/2 cuillerée à café de sel

Pendant la cuisson, passez au robot jusqu'à obtenir une consistance lisse et crémeuse :
    250 g de tofu
    2 cuillerées à soupe d'huile

Quand les pommes de terre et les oignons sont cuits, ôtez-les de la cocotte avec une écumoire et ajoutez-les au tofu dans le robot. Travaillez encore pour obtenir un mélange onctueux puis incorporez la préparation à l'eau de cuisson des pommes de terre.

Ajoutez alors :
    125 ml de lait ou de lait de soja

Servez avec un morceau de beurre ou de margarine. Parsemez de persil haché.

Pour 175 g : calories : 100, protéines : 3 mg, lipides : 4 mg, glucides : 10 mg

La fausse vichyssoise :

Servez cette soupe bien froide et saupoudrez de ciboulette.

Plats principaux

Boulettes de tofu	82
Burritos fritos	107
Cannellonis farcis	84
Chile quiles	90
Curry	101
Gratin au tofu et au maïs	96
Gratin d'enchilada	91
Lasagnes	92
Lasagnes à la florentine	93
Lasagnes au fromage	94
Pain de tofu	82
Pâtes romanoff	98
Pizza au pistou	104
Pizza au tofu	104
Pizza burritos	105
Riz au tofu frit à la chinoise	102
Riz pilaf doré	106
Riz vert	86
Rouleaux chinois	95
Samossas aux épinards	108
Sauté à l'orientale	99
Sauté de brocolis et de champignons	90
Sauté hawaiien (aigre-doux)	97
Sloppy Joes	107
Stroganoff	89
Tacos au tofu	100
Tofu à l'orange	85
Tofu amandine	87
Tofu burgers	82
Tofu diabolique	103
Tofu frit et pané	81
Tofu frit rapide et facile	81
Tofu pané au four	83
Tofu pour barbecue	83
Tofu sauté au chou chinois	88
Vermicelles du printemps	100

Tofu frit rapide et facile

La façon la plus rapide et la plus facile de servir du tofu en plat chaud ou en snack est de le frire. La saveur qu'il aura dépendra des condiments que l'on ajoutera avant ou pendant la cuisson.

Coupez en 8 tranches :
    500 g de tofu

Versez dans un plat peu profond :
    2 cuillerées à café de sauce soja

Trempez chaque tranche de tofu dans la sauce soja puis faites rissoler chaque face dans :
    2 cuillerées à soupe d'huile

Pendant la cuisson, parsemez les tranches avec un assaisonnement au choix :
    ail en poudre
    oignon en poudre
    basilic
    origan
    curry en poudre

Servez avec des pâtes, du riz, du millet, des gruaux de sarrasin, des pommes de terre, ou en sandwich.

Au lieu de tremper les tranches de tofu dans la sauce soja, essayez également de les tartiner avec du miso avant de les faire frire.

Par tranche : calories : 74, protéines : 5 mg, lipides : 4 mg, glucides : 2 mg

Tofu frit et pané

Après avoir plongé les tranches de tofu dans la sauce soja, étalez-les dans une des panures citées page 83 *(Tofu pané au four)* puis faites-les frire à la poêle.

Tofu Burgers

Pour 8 burgers

Mélangez ensemble dans un saladier :
500 g de tofu écrasé ou émietté
80 g de flocons d'avoine
80 g de germe de blé
2 cuillerées à soupe d'oignon en poudre
1,5 cuillerée à soupe de persil haché
1 cuillerée à café de sel
1 cuillerée à café de basilic ou d'origan
1/2 cuillerée à café d'ail en poudre
(ou 1/2 gousse d'ail pressée)

Formez 8 burgers avec cette préparation et faites-les rissoler dans :
2 cuillerées à soupe d'huile.

Servez sur des petits pains à burger avec vos accompagnements préférés (sauce mayonnaise, ketchup, rondelles de tomates, d'oignons rouges, de cornichons, feuilles de salade...)

Par burger : calories : 118, protéines : 7 mg, lipides : 4 mg, glucides : 8 mg

Boulettes de tofu

Façonnez 20 boulettes avec la préparation et faites-les rissoler dans 125 ml d'huile.

Pain de tofu

Tassez la préparation dans un moule à cake légèrement huilé. Recouvrez avec 50 ml de ketchup et faites cuire au four (thermostat 180°C) pendant environ 30 minutes. Laissez refroidir 10 minutes avant de couper en tranches. Idéal pour confectionner de délicieux sandwichs froids ou réchauffés.

Tofu pour barbecue

Pour 8 tranches ou 12 bâtonnets

Les tranches peuvent être servies en plat principal; les bâtonnets conviennent bien pour une entrée.

Préchauffez le four thermostat 6 (200°C).

Coupez en bâtonnets ou en 8 tranches (selon la fermeté du tofu) :
   500 g de tofu
   (Cette recette s'accommode très bien de tofu surgelé)

Huilez la saucière de votre four avec :
   2 cuillerées à soupe d'huile

Disposez les morceaux de tofu sur la saucière, en laissant un peu d'espace entre chaque morceau. Faites cuire au four pendant 10-15 minutes pour faire dorer une face. Retournez les tranches et faites dorer l'autre face. Étalez 20 ml de votre sauce barbecue préférée (type sauce tomate par exemple) et faites cuire à nouveau pendant 5 à 10 minutes.

On peut aussi cuire le tofu sur un barbecue à l'extérieur. Servez sur des petits pains ou avec du riz ou des pommes de terre. Le tofu pour barbecue peut être congelé et réchauffé plus tard.

Par tranche : calories : 65, protéines : 3 mg, lipides : 2 mg, glucides : 5 mg

Tofu pané au four ★★★ *le 6 août 2010 Nouvoitou*

Rapide et très bon.

Conservez un peu de cette panure spéciale dans un récipient hermétique pour pouvoir paner rapidement de simples tranches de tofu.

Préchauffez le four thermostat 375°F (190°C).

PLATS PRINCIPAUX

Coupez en 8 morceaux :
- 500 g de tofu ferme

Préparez une panure en mélangeant dans un saladier :
- 60 g de chapelure ou de farine
- 2 cuillerées à soupe de levure diététique
- 2 pincées d'ail en poudre
- 2 pincées d'épices de votre choix (curry, 4 épices...)

mélange couscous

Versez dans une assiette :
- 2 cuillerées à soupe de sauce soja

Préparez une feuille de papier sulfurisé.

Trempez chaque tranche de tofu dans la sauce soja, sur les deux faces, puis étalez-les dans la panure, utilisant la méthode "une main humide, une main sèche".

Déposez les morceaux sur la feuille de papier. Enfournez pour 15 minutes de cuisson sur un côté et 10 minutes sur l'autre face. Les deux faces doivent être dorées. Ajoutez éventuellement un peu d'huile sur le papier lorsque vous retournez les tranches. Servez comme des "côtelettes" ou dans des sandwichs.

Par tranche : calories : 89, protéines : 5 mg, lipides : 4 mg, glucides : 5 mg

Panure n°2

Mélangez :
- 30 g de farine ou de chapelure
- 1 sachet de soupe à l'oignon - champignon déshydratée

Panure n°3

Mélangez :
- 2 cuillerées à soupe de chapelure
- 1 sachet de soupe tomate-oignon déshydratée

Panure n°4

Mélangez :
    60 g de farine ou de chapelure
    1 cuillerée à soupe d'oignon en poudre
    1 cuillerée à café de piment en poudre (ou paprika)
    1 cuillerée à café de persil séché
    2 pincées d'ail en poudre

Panure n°5

Mélangez :
    60 g de farine
    1 cuillerée à soupe d'oignon en poudre
    1/2 cuillerée à café de basilic
    2 pincées d'ail en poudre

Tofu à l'orange

Coupez en 8 tranches :
    500 g de tofu

Mélangez dans un saladier :
    120 g de farine
    1 cuillerée à café de paprika
    1 cuillerée à café de thym
    1 cuillerée à café de sel
    2 bonnes pincées de poivre

Passez les tranches sur la farine préparée puis faites-les dorer doucement sur chaque face dans :
    2 cuillerées à soupe d'huile

Pendant que le tofu cuit, mélangez :
    25 cl du jus de 2 oranges
    2 cuillerées à café de zeste d'orange

Déposez les tranches de tofu dans le plat de service puis arrosez-les de cette préparation.

Des rondelles d'orange feront une belle garniture.

Par tranche : calories : 121, protéines : 6 mg, lipides : 4 mg, glucides : 12 mg

Riz vert

Préchauffez le four à 190°C (thermostat 5).

Préparez :
    350 g de riz cuit
    1 kg d'épinards hachés surgelés, décongelés et essorés

Passez au robot :
    250 g de tofu
    2 cuillerées à soupe d'huile
    2 cuillerées à soupe de vinaigre
    1/2 cuillerée à soupe de sel

Faites sautez dans une petite poêle :
    2 cuillerées à soupe d'huile
    1 petit oignon haché

Incorporez tous les ingrédients à la préparation de tofu puis ajoutez :
    80 g d'amandes effilées
    2 pincées d'ail en poudre
    2 pincées de noix de muscade
    2 pincées de poivre

Faites cuire au four dans un plat huilé pendant 25 minutes.

Pour 80 g : calories : 278, protéines : 9 mg, lipides : 10 mg, glucides : 24 mg

Tofu amandine

Coupez en 8 tranches :
　250 g de tofu

Mélangez :
　60 g de farine
　1 cuillerée à café de paprika
　1 cuillerée à café de sel
　2 pincées de poivre

Passez les tranches de tofu dans la farine assaisonnée puis faites-les rissoler sur les deux faces dans :
　2 cuillerées à soupe d'huile

Déposez les tranches dans le plat de service et arrosez-les avec :
　le jus d'1/2 citron

Parsemez de :
　80 g d'amandes effilées et grillées

Par tranche : calories : 122, protéines : 4 mg, lipides : 5 mg, glucides : 6 mg

Cannellonis farcis

Préparez :
　75 cl de votre sauce tomate préférée

Faites bouillir dans de l'eau salée jusqu'à ce qu'ils soient al dente :
　115 g de cannellonis

Mélangez :
　750 g de tofu écrasé (ou 500 g de tofu écrasé et
　250 g de mozzarella ou de gruyère râpé)
　1/4 de tasse de persil frais haché

2 cuillerées à soupe d'oignon en poudre
1,5 cuillerée à café de sel
1 cuillerée à café d'ail en poudre ou 1 gousse d'ail pressée
1/2 cuillerée à café de basilic

Étalez 50 cl de sauce tomate au fond d'un plat de 23 x 23 cm. Avec une cuillère, farcissez les cannellonis avec la préparation de tofu. Comptez 60 g par cannelloni puis disposez-les dans le plat. Ajoutez 125 ml d'eau à la sauce tomate restante et zébrez les cannellonis d'un filet de cette sauce. Parsemez éventuellement de parmesan râpé.

Faites cuire au four thermostat 4 (180°C), jusqu'à ce que la sauce tomate bouillonne, environ 25 minutes.

Par cannelloni : calories : 117, protéines : 8 mg, lipides : 0 mg, glucides : 16 mg

Tofu sauté au chou chinois

Préparez :
    1 kg de chou chinois râpé
    2 cuillerées à soupe de graines de sésame
    1 cuillerée à café de racine de gingembre hachée très fin
    500 g de tofu coupé en petits dés de 2 cm

Mélangez :
    2 cuillerées à soupe de vinaigre de vin
    2 cuillerées à soupe de sauce soja
    1 cuillerée à soupe d'huile de sésame
    2 cuillerées à soupe de maïzena
    1 cuillerée à café de sucre ou de miel

Faites chauffer dans un wok :
    2 cuillerées à soupe d'huile

Faites frire dans le wok pendant une minute les graines de sésame et le gingembre. Ajoutez le chou et faites frire 2-3 minutes.

Ajoutez le tofu et prolongez la cuisson d'une minute. Versez la sauce et continuez à cuire pendant une minute tout en remuant pour bien imprégner le chou de sauce.

Servez avec du riz ou des nouilles.

Par tranche : calories : 147, protéines : 9 mg, lipides : 6 mg, glucides : 7 mg

Stroganoff

Pour 4 personnes

Débitez en petits morceaux :
    500 g de tofu
    (Cette recette s'accommode très bien de tofu surgelé)

Faites sauter :
    2 cuillerées à soupe d'huile
    1 bel oignon haché
    350 g de champignons coupés en lamelles
    1 belle gousse d'ail émincée

Quand les oignons sont presque transparents, ajoutez :
    les morceaux de tofu

Mélangez et continuez la cuisson jusqu'à ce que le tofu commence à dorer.

Servez chaud avec du riz ou des pâtes.

Par personne : calories : 264, protéines : 12 mg, lipides : 12 mg, glucides : 14 mg

Sauté de brocolis et de champignons

Préparez :
>750 g de brocolis détaillés en petits bouquets
>175 g de champignons coupés en lamelles
>250 g de tofu coupé en petits dés
>80 g de noix grossièrement hachées
>1 cuillerée à soupe de racine de gingembre hachée fin
>2 cuillerées à soupe de sauce soja

Faites chauffer dans un wok :
>2 cuillerées à soupe d'huile
>1 cuillerée à café d'huile de sésame

Ajoutez le gingembre et faites frire une minute. Ajoutez les champignons et faites sauter pendant 3 minutes. Ajoutez les brocolis et faites sauter 6 minutes. Couvrez puis laissez mijotez jusqu'à ce que les bouquets soient cuits mais toujours fermes. Ajoutez le tofu, la sauce soja et les noix. Faites cuire encore 1 minute. Servez avec du riz ou des nouilles chinoises.

Par personne : calories : 250, protéines : 12 mg, lipides : 21 mg, glucides : 10 mg

Chile quiles

Servez avec une salade verte pour un déjeuner ou un dîner rapide.

Pour 4 personnes

Mélangez :
>500 g de tofu écrasé
>175 g de sauce piquante pimentée à votre goût
>1 cuillerée à café de sel

Coupez en quatre :
　　12 tortillas de maïs

Faites sauter les tortillas dans un wok avec :
　　2 cuillerées à soupe d'huile

Faites sauter jusqu'à ce que les tortillas deviennent croustillantes, puis ajoutez la préparation au tofu et continuez la cuisson jusqu'à ce que tout soit cuit. Servez chaud.

Par personne : calories : 368, protéines : 15 mg, lipides : 5 mg, glucides : 47 mg

Gratin d'enchilada

Préchauffez le four thermostat 4 (180°C).

Coupez en petits morceaux
　　500 g de tofu frais
　　(Cette recette s'accommode aussi très bien de tofu surgelé)

Préparez :
　　12 tortillas de maïs

Préparez une sauce chili :
Faites sauter jusqu'à ce qu'il soit tendre :
　　2 cuillerées à soupe d'huile
　　1/2 oignon haché finement

Mélangez dans un saladier :
　　3 cuillerées à soupe de piment doux en poudre
　　(à défaut, du paprika)
　　3 cuillerées à soupe de farine complète
　　1/2 cuillerée à café d'ail en poudre
　　1/2 cuillerée à café de cumin
　　1 cuillerée à café de sel

Ajoutez les oignons puis 1 litre d'eau tout en fouettant doucement pour ne pas faire de grumeaux. Portez à ébullition.

Étalez la sauce chili dans un plat allant au four (de 20 cm sur 20 cm). Disposez une couche de tortillas sur la sauce, en ayant soin de les chevaucher. Couvrez avec le tofu puis avec le restant de tortillas. Recouvrez-le tout du reste de sauce chili.

Saupoudrez avec :
    80 g de fromage râpé
    80 g d'olives noires hachées

Faites cuire au four pendant 20-25 minutes.

Par personne : calories : 504, protéines : 20 mg, lipides : 18 mg, glucides : 48 mg

Lasagnes

Préchauffez le four thermostat 4 (180°C).
Faites cuire al dente dans de l'eau bouillante :
    250 g de lasagnes

Préparez :
    750 g de votre sauce tomate préférée

Faites sauter :
    2 cuillerées à soupe d'huile
    1 oignon moyen finement haché

Passez au robot jusqu'à obtenir une sauce lisse et onctueuse :
    500 g de tofu écrasé ou émietté
    75 ml d'huile
    1 cuillerée à café de sel
    1 pincée d'ail en poudre

Incorporez à l'oignon puis ajoutez :
    1/2 tasse de persil frais haché fin

Dans un plat à gratin, alternez : une couche de sauce tomate, la moitié des pâtes, la préparation au tofu, la seconde moitié des pâtes et le reste de sauce tomate.

Recouvrez le tout avec :
 80 g de mozzarella ou de parmesan râpé (facultatif)

Faites cuire environ 30 minutes, jusqu'à ce que la sauce bouillonne et que le fromage soit fondu.

Par personne : calories : 625, protéines : 22 mg, lipides : 24 mg, glucides : 74 mg

Lasagnes à la florentine

Préchauffez le four thermostat 4 (180°C).

Faites cuire à l'eau bouillante jusqu'à ce qu'elles soient al dente :
 250 g de lasagnes

Préparez :
 750 g de votre sauce tomate préférée

Mélangez :
 500 g de tofu écrasé ou émietté
 250 g d'épinards hachés surgelés préalablement décongelés
 ou 500 g d'épinards frais préparés et hachés
 1 cuillerée à café d'oignon en poudre
 1 cuillerée à café de sel
 1 cuillerée à café d'ail en poudre ou 1 gousse d'ail pressée
 2 pincées de basilic séché

Dans un plat à gratin, alternez : une couche de sauce tomate (la moitié), une couche de pâtes (la moitié), la préparation de tofu, les pâtes restantes et enfin l'autre moitié de sauce tomate.

Recouvrez le tout d'une :
couche de parmesan ou de mozzarella (facultatif)

Faites cuire environ 30 minutes au four.

Par personne : calories : 368, protéines : 15 mg, lipides : 2 mg, glucides : 72 mg

Lasagnes au fromage

Préchauffez le four thermostat 4 (180°C).
Faites cuire dans de l'eau bouillante jusqu'à ce qu'elles soient *al dente* :
    250 g de lasagnes

Préparez :
    750 g de votre sauce tomate préférée

Mélangez dans un saladier :
    500 g de tofu écrasé à la fourchette
    175 g de mozzarella râpée
    1/4 de tasse de persil haché
    1 cuillerée à soupe d'oignon en poudre
    1 cuillerée à café de sel
    1 cuillerée à café d'ail en poudre ou 1 gousse d'ail pressée

Dans un plat à gratin, alternez : une couche de sauce tomate (la moitié), une couche de pâtes (la moitié), la préparation de tofu, les pâtes restantes et enfin l'autre moitié de sauce tomate.

Recouvrez le tout d'une :
    couche de parmesan ou de mozzarella (facultatif)

Faites cuire environ 30 minutes au four.

Par personne : calories : 551, protéines : 30 mg, lipides : 9 mg, glucides : 73 mg

Rouleaux chinois

Préparez tous les ingrédients avant de commencer :

Coupez en petits dés :
   250 g de tofu

Arrosez-les avec :
   1 cuillerée à soupe de sauce soja

Réservez. Dans un wok ou dans une poêle, faites sauter :
   2 cuillerées à soupe d'huile
   1 gousse d'ail pressée
   1,5 cuillerée à soupe de racine de gingembre, pelée et râpée

Continuez la cuisson pendant une minute avec :
   2 oignons verts hachés
   175 g de champignons préparés et coupés en tranches

Ajoutez :
   350 g de chou chinois (ou autre chou vert) haché
   150 g de marrons cuits au naturel,
   égouttés et coupés en rondelles
   les morceaux de tofu

Remuez, couvrez et laissez mijoter deux minutes. Ajoutez alors :
   350 g de germes de soja frais

Mélangez puis déposez des cuillerées de la préparation au centre de feuilles de riz pour rouleaux de printemps. Roulez chaque feuille puis repliez les bords. Humectez les bords de la feuille pour les faire adhérer. Faites frire les rouleaux dans de l'huile bien chaude jusqu'à ce qu'ils deviennent dorés. On peut également cuire les rouleaux au four. Disposez-les dans un plat huilé et huilez-les également. Faites cuire 10-15 minutes à thermostat 6 (200°C), retournez-les à mi-cuisson.

Par rouleau : calories : 143, protéines : 5 mg, lipides : 7 mg, glucides : 14 mg

Gratin au tofu et au maïs

Préchauffez le four thermostat 4 (180°C).

Préparez :
    500 g de tofu coupé en petits dés

Faites sauter jusqu'à ce qu'ils deviennent transparents :
    2 cuillerées à soupe d'huile
    1 poivron vert haché
    1 oignon haché
    2 gousses d'ail émincées

Quand ces légumes sont presque tendres, ajoutez :
    les morceaux de tofu
    2 cuillerées à soupe de piment doux
    en poudre ou de paprika
    1/2 cuillerée à café de cumin
    1/2 cuillerée à café de sel
    2 pincées d'origan séché

Faites cuire tout en remuant quelques minutes puis ajoutez :
    1 boîte de 500 g de tomates pelées hachées
    500 g de maïs égoutté
    80 g de petites olives noires dénoyautées
    1 pincée de piment de Cayenne

Mélangez soigneusement puis versez dans un plat à gratin et recouvrez de chapelure.
Faites cuire au four pendant 25 minutes.

Par personne : calories : 551, protéines : 16 mg, lipides : 14 mg, glucides : 79 mg

Sauté hawaiien
(aigre-doux)

Pour plus de facilité, préparez tous vos ingrédients avant de commencer à faire chauffer le wok.

Pour 6 personnes

Réservez le jus et coupez en morceaux les ananas contenus dans :
   1 boîte de 500 g d'ananas en tranches

Préparez :
   500 g de tofu coupé en dés et aspergé de
   3 cuillerées à soupe de sauce soja
   150 g de marrons cuits au naturel,
   égouttés et coupés en rondelles
   1 poivron vert coupé en petits triangles
   1 oignon moyen haché grossièrement

Faites sauter dans une petite casserole :
   50 ml de vinaigre
   2 cuillerées à soupe de farine de maïs

Ajoutez :
   30 g de miel
   125 ml de bouillon de légumes
   le jus réservé des ananas

Faites cuire et battez à la fourchette sur feu moyen jusqu'à ce que le mélange soit en ébullition. Réservez.
Faites chauffer dans un wok ou une poêle :
   3 cuillerées à soupe d'huile

Ajoutez :
   1 cuillerée à café de racine de gingembre râpée

Ajoutez l'oignon et faites cuire 2 minutes, ajoutez le tofu et faites cuire 1 minute. Ajoutez les poivrons et l'ananas et remuez. Enfin, ajoutez les marrons et la sauce. Servez avec du riz ou des nouilles chinoises.

Par personne : calories : 265, protéines : 8 mg, lipides : 7 mg, glucides : 39 mg

Pâtes romanoff

Préchauffez le four thermostat 4 (180°C).

Faites cuire à l'eau bouillante et salée jusqu'à ce qu'elles soient *al dente*.
    500 g de pâtes étroites et plates

Faites fondre dans une petite casserole :
    80 g de margarine ou de beurre

Ajoutez, pour les attendrir :
    1 oignon haché
    2 gousses d'ail émincées

Passez au robot pour obtenir une préparation lisse et crémeuse :
    250 g de tofu
    125 ml de lait ou de lait de soja

Mélangez tous les ingrédients et ajoutez :
    80 g de persil frais haché
    60 g de parmesan râpé

Versez dans un plat à gratin et faites cuire au four pendant 15 minutes. Servez avec du parmesan râpé. Si le temps manque, on peut également servir ce plat sans le passer au four.

Par personne : calories : 231, protéines : 7 mg, lipides : 6 mg, glucides : 17 mg

Sauté à l'orientale

Préparez :
- 1 bel oignon coupé en rondelles
- 2 branches de céleri coupées en dés
- 100 g de petits pois frais écossés
- 100 g de germes de soja frais
- 175 g de champignons frais
- (ou 1 boîte de 175 g de champignons en boîte)
- 225 g de marrons cuits au naturel, égouttés et coupés en rondelles
- 6 petits oignons verts hachés (vert et blanc)
- 250 g de tofu coupé en petits dés

Faites chauffer dans un wok ou une poêle :
- 2 cuillerées à soupe d'huile

Ajoutez les rondelles d'oignons et faites cuire 2 minutes. Ajoutez les petits pois et les champignons frais et faites sauter pendant 2 autres minutes. Ajoutez ensuite les marrons, les champignons en boîte si vous en utilisez, les germes de soja et les oignons verts.

Ajoutez enfin le tofu et faites sauter 2 minutes.

Dans un bol, mélangez :
- 75 ml de sauce soja
- 1 cuillerée à café de sucre
- 200 ml de bouillon de légumes chaud

Versez le mélange dans le wok et faites cuire encore 2 minutes. Servez avec du riz.

Par personne : calories : 221, protéines : 10 mg, lipides : 7 mg, glucides : 25 mg

Vermicelles du printemps

Faites cuire en suivant les consignes portées sur l'emballage :
   350 g de vermicelles

Préparez
   500 g de courgettes coupées en fines tranches
   175 g de champignons coupés en quatre
   175 g de petits pois écossés
   500 ml de votre sauce tomate préférée, bien chaude

Faites cuire dans un wok ou une poêle :
   2 cuillerées à soupe d'huile

Ajoutez tous les légumes et faites sauter pendant environ 5 minutes.

Ajoutez enfin :
   250 g de tofu coupé en petits dés
   2 pincées de sel

Servez sur les pâtes. Parsemez de sauce tomate et de parmesan râpé.

Pour 80 g : calories : 250, protéines : 10 mg, lipides : 4 mg, glucides : 40 mg

Tacos au tofu

Émiettez dans un saladier :
   500 g de tofu

Saupoudrez avec :
   1 sachet de 50 g d'assaisonnement en poudre pour tacos (rayon Tex Mex)

Mélangez puis faites frire dans :
  2 cuillerées à soupe d'huile

Servez dans des tacos accompagnés de :
  tomates coupées en petits morceaux
  feuilles de laitues grossièrement hachées
  demi rondelles d'oignon
  fromage râpé (facultatif)
  sauce piquante

Pour 80 g : calories : 73, protéines : 1 mg, lipides : 3 mg, glucides : 1 mg

Pour les tostadas
(à base de tortillas de maïs)

Faites frire les tortillas de maïs une par une dans un peu d'huile chaude jusqu'à ce qu'elles deviennent croustillantes et dorées. Déposez-les sur du papier absorbant. Pour préparer les tostadas : déposez sur la tortilla une couche de tofu assaisonné, puis les tomates coupées en morceaux, des poivrons verts hachés et un peu de laitue hachée. Saupoudrez enfin éventuellement de fromage râpé et d'olives hachées. Enfin, aspergez à votre goût de sauce piquante.

Curry

Coupez en petits morceaux :
  500 g de tofu (on peut utiliser du tofu qui a été congelé)

Faites sauter jusqu'à ce qu'ils deviennent transparents :
  2 cuillerées à soupe d'huile
  1 bel oignon coupé en demi-rondelles
  2 gousses d'ail pressées

Parsemez sur la préparation :
  2 cuillerées à soupe de farine complète
  1,5 cuillerée à soupe de curry en poudre
  2 bonnes pincées de poivre

Ajoutez :
- les petits morceaux de tofu

Faites rissoler quelques minutes jusqu'à ce que le tofu commence à brunir puis ajoutez :
- 750 ml de lait ou de lait de soja
- 1 cuillerée à café de sel

Continuez à remuer jusqu'à ce que le lait commence à bouillir puis réduisez le feu. Servez sur du riz et avec un raita (yaourt + chutney + cacahuètes grillées + concombre râpé + noix de coco en poudre + oignons verts hachés).

Pour 100 g : calories : 295, protéines : 16 mg, lipides : 11 mg, glucides : 18 mg

Riz au tofu frit à la chinoise

Une bonne solution pour utiliser un reste de riz.

23 juin 2010 Nouvoiton
Excellent !

Pour 4 personnes

Préparez :
- 350 g de riz cuit
- 250 g de tofu coupé en petits dés
- 1 bel oignon coupé en rondelles
- 1 poivron vert débité en lamelles
- 2 branches de céleri hachées
- 2 oignons verts hachés (vert et blanc)

Faites chauffer dans un wok ou une poêle :
- 2 cuillerées à soupe d'huile

Ajoutez les dés de tofu et faites frire une minute, arrosez-les avec :
- 2 cuillerées à soupe de sauce soja

Retirez le tofu du wok et rajoutez :
- 2 cuillerées à soupe d'huile

Ajoutez l'oignon, le céleri et le poivron vert et faites sauter pendant 3-4 minutes. Ajoutez le riz cuit émietté et faites frire encore 2 minutes.

Aspergez le tofu à nouveau avec :
    1 cuillerée à soupe de sauce soja

Servez le plat recouvert des petits oignons verts.

Pour 175 g : calories : 289, protéines : 7 mg, lipides : 14 mg, glucides : 28 mg

Tofu diabolique

Pour 4 personnes

Préparez
    500 g de tofu coupé en 8 tranches
    350 g de chapelure (que vous pouvez fabriquer vous-même au robot avec du pain rassis)

Mélangez dans un plat peu profond :
    80 g de moutarde de Dijon
    80 g d'oignons verts (le blanc et le vert) coupé en petits morceaux
    1 cuillerée à café de thym
    2 bonnes pincées de poivre

Faites fondre dans une poêle :
    30 g de margarine ou de beurre
    75 ml d'huile

Prenez 2 cuillerées à soupe de cette dernière préparation et incorporez-la à la sauce moutarde. Plongez les tranches de tofu dans la sauce, badigeonnez-les généreusement sur chaque face puis passez-les sur la panure en tapotant la chapelure pour l'incruster un peu. Faites frire les tranches de tofu sur chaque face dans la poêle.

Par tranche : calories : 170, protéines : 5 mg, lipides : 8 mg, glucides : 4 mg

Pizza au tofu

Préchauffez le four (thermostat 8 - 230°C).

Préparez :
une portion de pâte à pizza pour un moule de 25 cm

Badigeonnez-la avec :
    175 g de votre sauce tomate préférée

Parsemez la pizza de :
    250 g de tofu émietté
    175 g de champignons coupés en lamelles
    80 g d'olives hachées
    80 g de mozzarella râpée

Faites cuire au four environ 15 minutes.

Par part : calories : 362, protéines : 15 mg, lipides : 3 mg, glucides : 58 mg

Pizza au pistou

Pour 6 personnes

Préchauffez le four (thermostat 8 - 230°C).

Préparez :
    une portion de pâte à pizza pour un moule de 25 cm.
    400 ml de Tartinade au pistou (voir page 42)

Badigeonnez la pâte avec la sauce pistou puis répartissez :

    175 g de champignons coupés en lamelles
    80 g d'olives hachées
    1 petit oignon coupé en rondelles

Faites cuire au four environ 10 à 15 minutes.

Par personne : calories : 234, protéines : 8 mg, lipides : 3 mg, glucides : 28 mg

Pizza burritos

Pour 12 burritos

Préchauffez le four thermostat 4 (180°C).
Préparez :
    500 g de tofu coupé en petits dés
    (vous pouvez aussi utiliser du tofu surgelé)
    12 tortillas de 20 cm de diamètre

Faites sauter :
    2 cuillerées à soupe d'huile
    1 oignon moyen haché
    1/2 poivron vert haché

Pendant que l'oignon et le poivron rissolent, mettez les dés de tofu dans un saladier et ajoutez :
    150 g d'olives noires ou vertes hachées
    125 g de champignons en boîte
    égouttés et coupés en lamelles
    450 g de sauce tomate
    1/2 cuillerée à café de sel

Ajoutez les oignons et les poivrons et mélangez le tout. Faites chauffer chaque tortilla quelques secondes au-dessus de la plaque de la cuisinière, jusqu'à ce qu'elle devienne souple. Déposez 1/2 tasse de la préparation au tofu au centre de chaque tortilla dès qu'elle est passée sur la plaque. Repliez-la et posez-la sur un papier sulfurisé huilé. Badigeonnez les tortillas d'huile et faites cuire au four pendant 10 minutes.

Par burrito : calories : 102, protéines : 4 mg, lipides : 2 mg, glucides : 7 mg

Riz pilaf doré

Pour 5 personnes

Faites sauter dans une casserole jusqu'à ce qu'il soit bien tendre :
- 2 cuillerées à soupe d'huile
- 1 oignon moyen haché

Ajoutez :
- 175 g de riz long

et faites-le revenir pendant 2 minutes tout en remuant pour bien l'imprégner.

Ajoutez :
- 750 ml de bouillon de légumes chaud
- 80 g de raisins
- 1 cuillerée à café de curcuma
- 1/2 cuillerée à café de coriandre moulue
- 1/2 cuillerée à café de curry
- 1/2 cuillerée à café de sel

Remuez, couvrez et faites cuire à feu doux pendant 10-12 minutes jusqu'à ce que pratiquement tout le liquide soit absorbé.

Ôtez du feu et, tout en aérant le riz à l'aide d'une fourchette, ajoutez :
- 250 g de tofu coupé en petits dés.

Couvrez et laissez gonfler environ 10 minutes. Ajoutez en remuant avec précaution :
- 80 g d'amandes effilées et toastées

Servez parsemé de persil émincé.

Par personne : calories : 102, protéines : 4 mg, lipides : 2 mg, glucides : 7 mg

Burritos fritos

Pour 8 burritos

Préparez :
- 100 g de petits piments verts cuits à la vapeur ou en boîte
- 225 g de fromage cheddar (ou gouda) coupé en 8 tranches
- 250 g de tofu coupé en 8 tranches
- 8 grandes tortillas de maïs

Attendrissez chaque tortilla au dessus d'une plaque de la cuisinière. Étalez au centre de la tortilla un piment vert entier. Recouvrez avec la tranche de fromage puis avec celle de tofu. Refermez comme pour une enveloppe, puis faites frire dans un peu d'huile bien chaude jusqu'à ce que les deux faces soient bien dorées. Servez avec une sauce piquante.

Par burrito : calories : 308, protéines : 11 mg, lipides : 20 mg, glucides : 11 mg

Sloppy Joes

Sloppy Joes peut être servi avec du pain grillé, des pâtes, du riz...

Faites sauter :
- 2 cuillerées à soupe d'huile
- 1 oignon moyen coupé en dés
- 1 petit poivron vert haché

Mélangez dans un saladier :
- 500 g de tofu écrasé
- 2 cuillerées à soupe de sauce soja

Ajoutez la préparation de tofu aux légumes et faites cuire jusqu'à ce que le tofu brunisse. Ajoutez alors :
- 1 cuillerée à soupe de piment doux en poudre (ou paprika)

Par 80 g : calories : 119, protéines : 7 mg, lipides : 4 mg, glucides : 10 mg

Samossas aux épinards

Préparez :
   500 g de feuilles filo
   300 g d'épinards hachés surgelés, décongelés et essorés

Faites sauter :
   2 cuillerées à soupe d'huile
   1 bel oignon haché

Quand les oignons sont transparents, mélangez ensemble :
   500 g de tofu émietté
   les épinards hachés
   1 cuillerée à café de sel
   1/2 cuillerée à café de poivre
   1/2 cuillerée à café d'ail en poudre
   (ou 1/2 gousse d'ail pressée)

Faites fondre :
   450 g de margarine ou de beurre

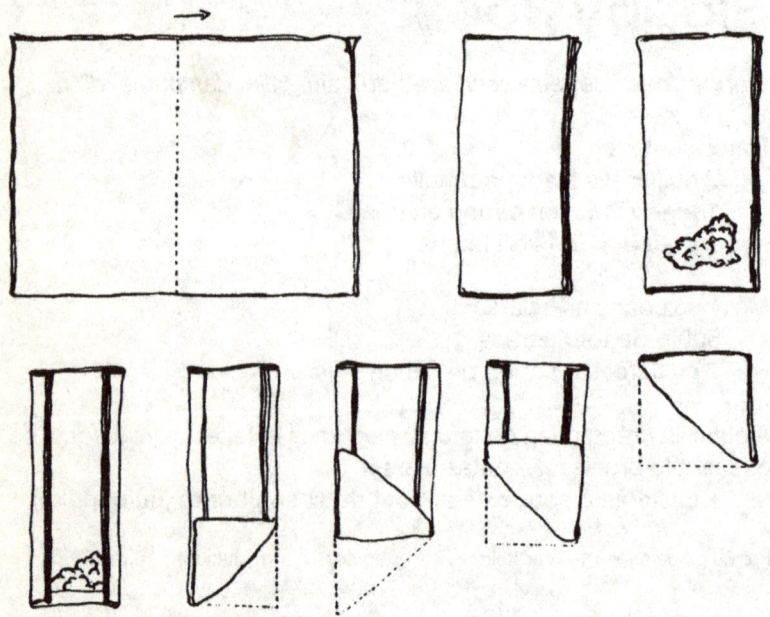

Préparez tous les ingrédients avant de commencer à fabriquer vos samossas. Prenez 2 feuilles filo (35 cm x 42 cm) posées l'une sur l'autre pour former un rectangle. Badigeonnez avec 1 cuillerée à café de margarine ou de beurre fondu puis pliez-les en deux pour obtenir un rectangle de 21 cm sur 35 cm. Déposez 1/3 de tasse de la garniture à l'extrémité de la feuille puis repliez le bord et les deux côtés. Formez alors un triangle en repliant un des coins de la feuille sur l'autre bord. Continuez à plier de la sorte jusqu'à ce que le triangle soit formé. Déposez les samossas sur du papier sulfurisé et faites cuire environ 15 à 20 minutes jusqu'à ce qu'ils soient dorés et croquants.

Par samossa
calories : 263 mg, protéines : 7 mg, lipides : 7 mg, glucides : 24 mg

Desserts

Cerises du cordonnier 116
Cheesecake 113
Cheesecake aux amandes 114
Cheesecake aux noix de pécan et au sirop d'érable 115
Cheesecake miste 114
Cookies à la vanille 116
Crème dessert à l'abricot 117
Crème dessert aux cerises 119
Crème dessert aux framboises 118
Crème dessert aux fromages 118
Crème-tofu 121
Crème-tofu au miel 122
Tartelettes à la crème-tofu et aux fraises 120
Tarte aux noiux de pécan 121
Tarte marbrée au chocolat 119

Cheesecake

Pour 6 personnes

Préchauffez le four thermostat 4 (180°C).

Mélangez au robot jusqu'à obtenir une consistance crémeuse et lisse :
- 500 g de tofu
- 50 g de sucre brun
- 60 g de miel
- 75 ml d'huile
- 2 cuillerées à soupe de jus de citron
- 1 cuillerée à soupe de farine complète
- 1 cuillerée à café de vanille liquide
- 1 pincée de sel

Étalez cette préparation sur un moule à manquer foncé avec :
- 1 pâte sablée non cuite

et faites cuire au four pendant 45 minutes, jusqu'à ce que la pâte sablée soit dorée.

Cheesecake aux cerises ou aux myrtilles

Incorporez à la garniture 250 g de myrtilles ou de cerises dénoyautées.

Par personne : calories : 424, protéines : 7 mg, lipides : 13 mg, glucides : 59 mg

Cheesecake aux amandes

Pour 6 personnes

Préchauffez le four thermostat 4 (180°C).
Mélangez au robot jusqu'à obtenir une consistance crémeuse et lisse :
- 500 g de tofu
- 80 g de sucre brun
- 80 g de poudre d'amandes
- 30 g de miel
- 75 ml d'huile
- 2 cuillerées à soupe de jus de citron
- 1 cuillerée à café d'extrait d'amandes (liquide)
- 1 pincée de sel

Étalez la préparation sur un moule à manquer foncé avec :
- 1 pâte sablée non cuite

et faites cuire pendant 45 minutes ou jusqu'à ce que la pâte sablée commence à dorer.

Par personne : calories : 465, protéines : 9 mg, lipides : 14 mg, glucides : 57 mg

Cheesecake mixte

Pour 6 personnes

Préchauffez le four thermostat 4 (180°C).
Mélangez au robot jusqu'à obtenir une consistance crémeuse et lisse :
- 250 g de tofu
- 250 g de fromage blanc ferme
- 80 g de sucre brun
- 60 g de miel
- 2 cuillerées à soupe de jus de citron
- 1 cuillerée à café de vanille liquide
- 1 pincée de sel

Étalez la préparation sur un moule à manquer foncé avec :
    1 pâte sablée non cuite

et faites cuire pendant 45 minutes ou jusqu'à ce que la pâte sablée commence à dorer.

Par personne : calories : 436, protéines : 7 mg, lipides : 12 mg, glucides : 58 mg

Cheesecake aux noix de pécan et au sirop d'érable

Pour 6 personnes

Préchauffez le four thermostat 4 (180°C).
Mélangez au robot jusqu'à obtenir une consistance crémeuse et lisse :
    500 g de tofu
    250 ml de sirop d'érable
    2 cuillerées à soupe de margarine
    1 pincée de sel

Incorporez ensuite :
    80 g de noix de pécan grossièrement concassées

Étalez la préparation sur un moule à manqué foncé avec
    1 pâte sablée non cuite

et faites cuire pendant 45 minutes ou jusqu'à ce que la pâte sablée commence à dorer.
Servez froid, arrosé de sirop d'érable et décoré de noix. Vous pouvez aussi recouvrir le cheesecake d'un peu de Crème-tofu (page 121).

Par personne : calories : 438, protéines : 8 mg, lipides : 8 mg, glucides : 60 mg

Cookies à la vanille

Préchauffez le four thermostat 4 (180°C).
Travaillez au robot pour obtenir une crème onctueuse :
    150 g de sucre brun
    80 g de margarine
    125 g de tofu plutôt mou
    2 cuillerées à café de vanille

Mélangez ensemble dans un saladier :
    500 g de farine complète
    2 cuillerées à café de levure de boulanger
    1/2 cuillerée à café de sel

Dans un robot, incorporez les ingrédients secs aux ingrédients humides en travaillant par petites pulsations (environ une dizaine). Arrêtez dès que les deux types d'ingrédients sont mélangés.
Si vous travaillez sans robot, émiettez du bout des doigts comme pour une pâte sablée.

Formez des rouleaux puis débitez-les en cookies d'1/2 cm d'épaisseur. Faites cuire au four pendant 8 à 10 minutes.

Par cookie : calories : 90, protéines : 1 mg, lipides : 1 mg, glucides : 14 mg

Cerises du cordonnier

Pour 9 personnes

Préchauffez le four thermostat 4 (180°C).
Mélangez au robot :
    250 ml de farine
    1 cuillerée à café de levure

Ajoutez pendant que le robot fonctionne :
    125 g de tofu
    2 cuillerées à soupe d'huile
    125 ml de lait ou de lait de soja
    60 g de sucre

Travaillez jusqu'à ce que la pâte soit homogène puis étalez dans un plat huilé de 20 cm sur 20 cm.
Recouvrez avec :
    450 g de cerises au naturel, égouttées et dénoyautées

Faites chauffer le jus réservé jusqu'à ébullition et arrosez-en le gâteau.

Faites cuire au four pendant 40 à 45 minutes et servez chaud.

Par personne : calories : 160, protéines : 3 mg, lipides : 3 mg, glucides : 28 mg

Crème dessert à l'abricot

Pour environ 4 personnes

Mélangez dans un robot :
    250 g de tofu
    30 g de sucre ou de miel
    2 cuillerées à soupe d'huile

Ajoutez et mélangez :
    500 g d'abricots bien mûrs
    (réservez quelques moitiés d'abricots pour la présentation)
    On peut également utiliser des abricots en conserve.

Versez dans de jolies coupes et servez bien frais.

Pour 80 g : calories : 152, protéines : 4 mg, lipides : 5 mg, glucides : 23 mg

Crème dessert aux framboises

Pour 2 personnes

Travaillez au robot jusqu'à obtenir une crème onctueuse :
    150 g de framboises
    (réservez quelques framboises pour la décoration)
    250 g de tofu
    30 g de sucre ou 3 cuillerées à soupe de miel
    1 pincée de sel

Versez dans des petites coupes et laissez refroidir avant de servir.

Pour 80 g : calories : 122, protéines : 5 mg, lipides : 0 mg, glucides : 22 mg

Crème dessert aux oranges

Préparez :
    deux oranges (navel) coupées en petits morceaux

Travaillez au robot jusqu'à obtenir une crème onctueuse :
    250 g de tofu
    75 ml d'huile
    30 g de miel ou de sucre
    1 cuillerée à café de vanille
    1 pincée de sel

Ajoutez les petits morceaux d'orange et servez aussitôt.

Pour 80 g : calories : 123, protéines : 2 mg, lipides : 7 mg, glucides : 11 mg

Crème dessert aux fruits frais

Remplacez les oranges coupées en petits morceaux par n'importe quel autre fruit frais coupé en petits morceaux.

Crème dessert aux cerises

Passez au robot jusqu'à obtenir une crème onctueuse :
    250 g de tofu
    250 g de cerises bien mûres dénoyautées
    30 g de sucre ou 3 cuillerées à soupe de miel
    1 pincée de sel

Versez dans des petits raviers et laissez refroidir avant de servir.

Pour 80 g : calories : 125, protéines : 5 mg, lipides : 0 mg, glucides : 22 mg

Tarte marbrée au chocolat

Pour 6 personnes

Foncez un moule à tarte puis faites cuire à blanc :
    1 pâte sablée

Mélangez dans un robot jusqu'à ce que la crème soit onctueuse :
    500 g de tofu
    100 g de sucre
    75 ml d'huile
    2 cuillerées à café de vanille
    1 pincée de sel
Réservez une tasse de la préparation et étalez le reste sur la pâte sablée cuite.

Ajoutez à la préparation réservée :
    3 cuillerées à soupe de cacao
Mélangez soigneusement au robot puis parsemez la tarte de la préparation au chocolat. Avec un couteau, faites des volutes sur les deux crèmes pour les mélangez très partiellement. Laissez refroidir jusqu'à ce que cela prenne et devienne ferme.

Par personne : calories : 409, protéines : 7 mg, lipides : 13 mg, glucides : 54 mg

Tartelettes à la crème-tofu et aux fraises

Pour 6 personnes

Découpez 6 tartelettes dans :
    1 portion de pâte sablée ou feuilletée
Faites-les cuire à blanc jusqu'à ce qu'elles soient dorées.

Pendant ce temps, préparez :
    250 g de Crème-tofu (page 121)

Lavez, équeutez puis coupez en deux :
    500 g de fraises

Parsemez sur les fraises :
    80 g de sucre

Remplissez chaque tartelette avec la crème-tofu puis déposez-y les fraises.

Par personne : calories : 407, protéines : 5 mg, lipides : 20 mg, glucides : 39 mg

Tarte aux noix de pécan

Pour 8 personnes

Préchauffez le four thermostat 4 (180°C).

Foncez un moule avec :
    1 pâte brisée

Travaillez au robot jusqu'à obtenir un mélange crémeux et onctueux :
    250 g de tofu
    100 g de sucre brun
    75 ml de margarine
    1 cuillerée à café de vanille liquide
    1 pincée de sel

Incorporez :
    250 g de noix de pécan

Versez la garniture sur la pâte à tarte et faites cuire pendant 45 minutes, jusqu'à ce que la pâte soit dorée. Servez avec la Crème-tofu ou une glace à la vanille.

Par personne : calories : 424, protéines : 5 mg, lipides : 12 mg, glucides : 44 mg

Crème-tofu

Passez au robot pour obtenir une crème onctueuse :
    250 g de tofu
    75 ml d'huile
    30 g de sucre
    1 cuillerée à café de vanille liquide
    1/2 cuillerée à soupe de jus de citron
    1 pincée de sel

Faites refroidir et utilisez comme une crème fouettée ou Chantilly.

Pour 2 cuillerées à soupe
calories : 78, protéines : 2 mg, lipides : 5 mg, glucides : 4 mg

Crème-tofu au miel

Passez au robot pour obtenir une crème onctueuse :
　　250 g de tofu
　　75 ml d'huile
　　2 cuillerées à soupe de miel
　　1/2 cuillerée à soupe de jus de citron
　　1/2 cuillerée à café de vanille liquide
　　1 pincée de sel

Laissez refroidir et utilisez comme une crème fouettée ou Chantilly.

Chez le même éditeur

Laits et yaourts végétaux faits maison
Recettes de Anne Brunner
Photographies de Myriam Gauthier-Moreau

Pas à pas, des explications détaillées et photographiées pour réussir à la maison la fabrication de ses propres laits végétaux (à base de riz thaï, de poudre de noisette...), d'économiques purées d'oléagineux (tahin, purée d'amande...), de délicieux yaourts au soja, de crèmes liquides, épaisses, chantilly... à base de noix de cajou, de soja, d'arrow root, de glaces gourmandes à base de lait de riz...

16 x 22 cm • 108 pages • 12,90 € - ISBN 978-2-84221-184-4

Mes p'tites gamelles *Manger bio au bureau*
Recettes de Clea
Photographies de Myriam Gauthier-Moreau

Des recettes saines et bio, conçues pour être facilement emportées, n'ayant pas besoin d'être réchauffées et, surtout, nécessitant un temps de préparation réaliste !

Clea propose une douzaine de gamelles aux trois influences : Cuisine bio (croque-monsieurs revisités, salades bio vitaminées aux graines germées...), anglo-saxonne (wraps, scones, smoothies... la cuisine anglo-saxonne se prête si bien au *take-away*) et bien sûr japonaise avec les célèbres *bentôs*, ces boîtes laquées contenant onigiri ou *soba*... de quoi faire des envieux au bureau !

72 pages • format 16 x 22 cm • 9,90 € - ISBN 978-2-84221-183-7

Cuisiner les ingrédients japonais
Recettes de Clea - Photographies P. Barret - Dessins Cam-tu Pacquereau

Umebosis, miso, gomasio, gingembre, soba, azuki... les ingrédients japonais, trésors de santé, n'auront bientôt plus de secret pour vous.
Clea vous propose idées et recettes simples pour les apprivoiser au quotidien : *Croque-miso, Rillettes de shiitake, Omelette au shôyu, Crackers aux algues, Céréales au thé vert...*

16 x 22 cm • 108 pages • 14,90 € - ISBN 978-2-84221-176-9

Ma cuisine végétarienne pour tous les jours
Garance Leureux

500 recettes simples et rapides : pâtés végétaux, tartes, sauces... Mais aussi des chapitres thématiques (céréales, graines germées, tofu, enfants...). 60 pages sur l'équilibre nutritionnel, 32 pages de photos couleur qui illustrent les « tours de main » spécifiques.

« Garance Leureux connaît ce mode alimentaire à fond : les petits détails qui facilitent la vie parsèment ses recettes comme ses suggestions culinaires, et montrent qu'elle les pratique au quotidien avec imagination et sens de l'équilibre alimentaire. »
Top nature

416 pages • 16 x 22 cm • 19,50 € - *Reliure souple et pratique* - ISBN 978-2-84221-161-5

Graines germées

Valérie Cupillard - Photographies Philippe Barret

Et si votre cuisine devenait un jardin ? Découvrez le plaisir de transformer le blé, les lentilles, la moutarde ou l'alfalfa en graines germées ou en jeunes pousses.

Une approche résolument moderne de la germination et de son utilisation en cuisine. Des recettes toniques qui privilégient le cru, les saveurs, le croquant et les jolies compositions.

120 pages • 22 x 25,5 cm • 18,00 € - ISBN 978-2-84221-110-3

Tofu et soja

Hu Shao Bei
Photographies de Philippe Barret et Myriam Gauthier-Moreau

Une centaine de recettes occidentales et asiatiques pour apprivoiser le tofu et le soja sous toutes ses formes.

En annexe, des recettes de base photographiées pas à pas : fabriquer soi-même son tofu, son lait ou ses yaourts de soja...

120 pages • 22 x 25,5 cm • 19,50 € - ISBN 978-2-84221-152-3

Quinoa

Clea - Photographies de Philippe Barret

Si vous aimez le quinoa ce livre est fait pour vous !

Clea vous propose dans ce beau livre une soixantaine de recettes simples et créatives *(Petits pains au quinoa, Salade de quinoa germé, Pilaf de quinoa sauvage...)* joliment mises en images par le photographe culinaire Philippe Barret.

Vous apprendrez à déguster le quinoa sous toutes ses formes (grains blonds ou rouges, farine, flocons, lait...), à le faire germer et à diversifier en douceur votre alimentation.

100 pages • 22 x 25,5 cm • 18,00 € -   ISBN 978-2-84221-174-5

Le Vin bio

Jean-Marc Carité
Photographies de Jean-Luc Ferrante
Préface de Frédéric Daumas

Un livre pour mieux connaître le vin bio... et mieux l'apprécier.

Jean-Marc Carité nous explique les différences entre le vin bio et le vin conventionnel, de l'éthique aux techniques spécifiques. Il nous fait mieux comprendre le pourquoi du succès actuel de la viticulture biologique ou biodynamique.

160 pages • 27,00 € • 22 x 25,5 cm - ISBN 978-2-84221-130-1

Agar-agar *Secret minceur des Japonaises*
Recettes de Clea • Photographies de Myriam Gauthier-Moreau

Chaque printemps l'agar-agar rencontre un énorme succès au Japon : cette petite poudre blanche gonfle au contact de l'eau et permet de préparer rapidement des plats aux vertus rassasiantes et légèrement laxatives.

Terrine d'aubergines, crème caramel, tartelettes au citron... Clea a retravaillé avec talent des standards gourmands. L'agar-agar lui a permis d'alléger les plats sucrés ou salés en réduisant les quantités de farine, d'œufs et même de sucre (dans les confitures).

« Un livre tout en zenitude et en poésie... on en fond de plaisir ! »

Estérelle Payany, Magazine Elle

72 pages • Format : 16 x 22 cm • 9,90 € - ISBN 978-2-84221-163-9

Cuisiner bio mode d'emploi
Valérie Cupillard
Photographies Philippe Barret et Myriam Gauthier-Moreau

Comment utiliser les huiles essentielles en cuisine ? Que faire avec du tofu ?... De Agar-agar à Umébosis... 70 ingrédients de magasin bio expliqués un à un !

Pour chaque ingrédient : le mode d'emploi de base et des recettes pour faire le tour de ses différentes utilisations.

Imprimé sur papier recyclé
160 pages • 14 x 21 cm • 15,00 € - ISBN 978-2-84221-109-7

Légumes bio mode d'emploi
Valérie et Emmanuel Cupillard
Préface de Philippe Desbrosses
Photographies de Philippe Barret et Myriam Gauthier-Moreau

De « Artichauts violets de Provence » à « Topinambours à peau rose », Valérie Cupillard nous présente une cinquantaine de variétés de légumes bio choisis pour leur intérêt gastronomique et diététique.

Pour chaque légume : comment et pourquoi les choisir bio, préparation de base puis recettes saines et faciles pour les mettre en valeur.

Imprimé sur papier recyclé - 160 pages • 14 x 21 cm • 16,50 € - ISBN 978-2-84221-144-8

Cuisiner avec les huiles essentielles et les eaux florales
Valérie Cupillard
Photographies E. Cupillard

Près de 200 recettes pour apprivoiser les huiles essentielles et les eaux florales en cuisine.

Les auteurs présentent 22 huiles essentielles (menthe, bergamote, ylang-ylang...), une douzaine d'eaux florales (fleur d'oranger, camomille...), expliquent leurs bienfaits et leur mode d'utilisation en cuisine.

176 pages • 14 x 21 cm • 17,50 € *Imprimé sur papier recyclé* - ISBN 978-2-84221-145-5

Recettes végétariennes de Chine
Hu Shao Bei

Fabriquer soi-même ses raviolis vapeur, ses propres pâtés impériaux, son tofu fumé au thé... voici des recettes rares et précieuses qui nous sont transmises avec le sens du détail par Hu Shao Bei. Hu Shao Bei est devenu «maitre tofu» en Chine et il a beaucoup pratiqué dans les restaurants chinois de Paris.
176 pages • 14 x 21 cm • 13 € - ISBN 978-2-84221-137-0

Recettes végétariennes de l'Inde
Kiran Vyas

La cuisine ayurvédique des familles brahmanes est excellente pour la santé et très savoureuse. *Chutney de coriandre, Samossas, Riz pulao aux fruits secs, Chapati, Halwa de carottes...* Kiran Vyas, fondateur de *Tapovan*, centre de yoga et de l'Ayurvéda, enseigne la cuisine végétarienne ayurvédique depuis plus de 20 ans.

160 pages • 14 x 21 cm • 13 € - ISBN 978-2-84221-126-4

Recettes végétariennes d'Italie
Catherine Schiellein

Polenta du Val d'Aoste, minestrone ou gnocchi de Lombardie, pâtes fraîches d'Emilie Romagne... Ces 200 recettes expliquées pas à pas illustrent la diversité de la gastronomie italienne. L'auteur situe chaque recette dans sa tradition, commente le choix des ingrédients et nous entraîne dans un voyage gourmand à travers les recettes de nos voisins transalpins.

160 pages • 14 x 21 cm • 13 € - ISBN 978-2-84221-143-1

Recettes végétariennes du Mexique
Kippy Nigh

Haricots rouges, maïs, avocat, piments, tomates... pour confectionner les meilleures spécialités végétariennes du Mexique. Dans son restaurant végétarien de San Christobal de Las Casas, Kippy Nigh met à l'honneur des plats populaires et des spécialités régionales moins connues et nous offre ici ses plus belles réussites.

160 pages • 14 x 21 cm • 13 € - ISBN 978-2-84221-125-7

Recettes végétariennes du monde entier
Garance Leureux

Un tour du monde gastronomique avec 130 recettes traditionnelles : *Aubergines farcies au blé concassé, Mezze libanais, Croquettes mexicaines, Galettes de seigle, Pâté végétal japonais...*

160 pages • 14 x 21 cm • 13 € - ISBN 978-2-84221-118-9

Recettes végétariennes de la Méditerranée
Ida Ganci

Huiles et fromages parfumés, légumes gorgés de soleil, céréales précieuses... la cuisine méditerranéenne est naturellement végétarienne. Il devient facile de suivre l'exemple crétois : manger mieux pour vivre mieux. *Antipasti d'aubergines, Caponate, Fèves fraîches aux épices, Aïoli aux légumes de saison...*
160 pages • 14 x 21 cm • 13 € - ISBN 978-2-84221-119-6

Recettes végétariennes du Liban
Dalal Holmin et Maher Abbas

Les recettes les plus savoureuses du Liban : hummus, taboulé, falafel, feuilles de vignes farcies ou baba ghanoush (caviar d'aubergines) pour composer des mezze, des pâtisseries, votre propre pain pita...

160 pages • 14 x 21 cm • 13 € - ISBN 978-2-84221-124-0

Cucurbitacées et autres courgettes
Garance Leureux

Des conseils pour mieux connaître et apprécier les cucurbitacées (jardinage, achat, intérêt nutritionnel, variétés...), des recettes à réaliser en moins de 30 minutes : soupes, tartes, gratins, fricassées, terrines, plats uniques... sans oublier d'incroyables gâteaux !

128 pages • 14 x 21 cm • 12 € - ISBN 978-2-84221-098-4

Céréales & légumineuses - Flocons, semoules, concassés...
Valérie Cupillard

Pois chiches, lentilles, sarrasin... se déclinent sous forme de flocons, de concassés... rapides à cuisiner. Vous trouverez ici des recettes traditionnelles (hummus, soupes de pois cassés ...) réalisées avec ces nouveaux produits et de nouvelles recettes, reconnaissables par leur légèreté et leur digestibilité.

128 pages • 14 x 21 cm • 12 € - ISBN 978-2-84221-092-2

Tofu, rapide et facile
Louise Hagler

120 recettes faciles à réaliser en moins de 30 minutes : des sauces, des galettes végétales, des tartes, des brochettes, des lasagnes, et même un très fameux cheesecake... Pour apprivoiser le tofu et en faire un familier de la table ainsi que l'allié de notre santé.

128 pages • 14 x 21 cm • 9 € - ISBN 978-2-84221-058-8

Algues, légumes de la mer
Carole Dougoud Chavannes

Des recettes variées pour cuisiner simplement toutes les algues disponibles sur le marché. Pour chaque recette l'auteur donne les équivalences en algues fraîches ou sèches. « Tartine au beurre pailleté d'algues », « Lasagnes au kombu », « Œufs brouillés à la Celte »...

128 pages • 14 x 21 cm • 12 € - ISBN 978-2-84221-081-6

Achevé d'imprimer en France par PRÉSENCE GRAPHIQUE
2 rue de la Pinsonnière - 37260 MONTS
N° d'imprimeur : 070828396

Dépôt légal : juillet 2008